Profession:
victime!

Catalogage avant publication de la Bibliothèque nationale du Canada

Fortin, Manon

Profession, victime! : choisir de survivre et de contrôler sa vie

(Collection Psychologie)

ISBN : 2-7640-0770-1

1. Contrôle (Psychologie). 2. Victimes – Psychologie. 3. Responsa-
bilité. 4. Défaitisme. 5. Autodéveloppement. I. Titre. II. Collection :
Collection Psychologie (Éditions Quebecor).

BF612.F58 2003   158.1   C2003-941269-5

LES ÉDITIONS QUEBECOR
7, chemin Bates
Outremont (Québec)
H2V 4V7
Tél. : (514) 270-1746

© 2003, Les Éditions Quebecor
Bibliothèque nationale du Québec
Bibliothèque nationale du Canada

Éditeur : Jacques Simard
Coordonnatrice de la production : Dianne Rioux
Conception de la couverture : Bernard Langlois
Illustration de la couverture : Keith Collman / The Image Bank
Correction d'épreuves : Jocelyne Cormier
Infographie : Composition Monika, Québec

Nous reconnaissons l'aide financière du gouvernement du Canada
par l'entremise du Programme d'Aide au Développement de l'Indus-
trie de l'Édition pour nos activités d'édition.

Gouvernement du Québec – Programme de crédit d'impôt pour l'édition de livres – Gestion SODEC.

Imprimé au Canada

MANON FORTIN

Profession : victime !

Choisir de survivre et de contrôler sa vie

LES ÉDITIONS
Quebecor
QUEBECOR MEDIA

Table des matières

Avant-propos[*]

Nous vivons dans une société peuplée de «victimes» : de viol, d'inceste, d'agression, d'harcèlement, de violence conjugale, d'injustice, d'être victimes... Ce mot à lui seul a le pouvoir de marquer une vie entière, de voler à l'individu la possibilité de choisir, de lui dérober la possibilité de survivre...

Lors d'un écrasement d'avion, on y dénombre *les victimes* et *les survivants*... Malheureusement, il n'y a plus rien à faire pour les victimes, elles sont déjà mortes! Ceux et celles qui auront besoin d'aide pour remettre leur vie sur la bonne voie sont les survivants! Ils ont survécu à *la* catastrophe, ils devront réapprendre à vivre *avec elle*.

J'aurais aimé apprendre plus tôt dans ma vie que j'étais la forte survivante de la folie d'un être

---

[*]   La forme masculine a été utilisée dans le seul but d'alléger le texte et ne se veut nullement discriminatoire.

11

tourmenté et d'une vie parfois injuste, et non la faible proie victime de la loi du plus fort. Peut-être que toute ma vie j'aurais su faire *le* choix...

Ce livre est dédié à tous les centres qui viennent en aide aux victimes. Ensemble, retirons une fois pour toutes l'inscription du mot *victime* marquée au fer rouge dans l'inconscient, et remplaçons-la par la conviction d'être *survivant*. Que tous les centres pour victimes deviennent enfin des centres pour survivants !

Il y a fort longtemps, dans une rue tout près de chez vous, vivait une victime, une victime de la « victimite »...

Introduction

Au cours d'une vie, certains événements feront en sorte qu'un être humain portera l'écriteau «victime» bien inscrit en grosses lettres dans son subconscient. Différents aspects, comme l'événement, l'âge et l'environnement au moment de l'incident, décideront souvent de l'outil utilisé pour graver les caractères d'impression. Fer rouge, encre indélibile ou simplement crayon à mine, quels seront les possibilités et les moyens de les effacer?

Avec mon humour, et parfois même avec une pointe de sarcasme, je vous ferai découvrir, à travers ma propre histoire, certains déclencheurs du mécanisme de victimisation. Vous apprendrez comment un enchaînement de situations est soumis à la vision distordue d'une victime, comment elle ressent les événements, l'analyse biaisée qu'elle en fait et les «choix» qui en découlent... Vous suivrez pas à pas l'évolution insidieuse de cette maladie de l'âme qu'est la «victimite», et le combat qu'il est possible de lui livrer grâce à certains ateliers.

Au cours de cette lecture, je vous convie donc à l'autopsie émotionnelle d'une victime relationnelle...

Peut-être reconnaîtrez-vous votre enfant, votre conjoint, un ami... et même *vous* !

La trahison

Dans une toute petite classe, une journée de printemps comme les autres, une enseignante s'intéresse au futur de ses jeunes élèves. Un jeu amusant et très valorisant pour ces enfants d'âge préscolaire.

«Dis-moi, mon beau Nicolas, que feras-tu lorsque tu sera grand?

– Je serai pompier, madame!

– Et toi, mon petit Daniel, que feras-tu?

– Je serai un policier, madame!

– Caroline, que feras-tu, ma chouette, lorsque tu seras grande?

– Moi, madame, je serai docteur!»

Elle s'approche d'une petite fille assise un peu à l'écart, le regard tourné vers la fenêtre.

«Et toi, ma petite chérie, dis-moi, que feras-tu lorsque tu seras grande?

– Moi, madame? Moi... je serai... hum... je serai...»

Une petite fille marchait sur le trottoir d'un pas impatient, l'objet de son désir étant juste au coin de la rue. À cette époque, tous les enfants voulaient se rendre au coin car c'est là que se trouvait le marchand de bonbons. Des comptoirs remplis de friandises qui les faisaient rêver. Le marchand était d'une patience incroyable. Debout derrière le comptoir, il attendait, un petit sac de papier brun à la main, que les choix se fassent... «Je voudrais 1 ¢ de jujubes, monsieur, 1 ¢ de fraises à la guimauve aussi, et un autre de boules noires. Combien me reste-t-il, monsieur ? Alors je voudrais 1¢ de sucres d'orge...»

Un par un, les enfants s'installaient devant la vitrine du comptoir et l'homme aux friandises les servait avec le plus beau des sourires. Son plaisir était de voir étinceler leurs yeux lorsque leur petit visage s'illuminait devant tant de sucreries !

Son précieux trésor serré tout contre son cœur, la petite s'en revenait par le même chemin qu'elle avait emprunté un peu plus tôt. Il ne fallait surtout pas l'échapper, car elle y avait investi toute sa fortune, un gros cinq sous bien mérité à s'appliquer à ramasser les jouets dans sa chambre.

Elle était presque arrivée chez elle lorsque surgit un chien. Elle sursauta, voulut qu'il s'éloigne, mais lui, plutôt enjoué, sauta sur elle. La petite trébucha... La langue sortie, l'haleine haletante, le monstre sautillait sur son petit ventre... La peur l'envahit, peut-être voulait-il la dévorer ou, pis encore, peut-être voulait-il dévorer ses bonbons! Elle se releva d'un bond et se mit à courir, le chien aussi...

Enfin chez elle, en pleurs, elle monta l'escalier rapidement, son petit cœur battait si fort qu'il faillit exploser. Les genoux écorchés, elle raconta tout à sa mère. Naturellement, ce fut précisément à ce moment-là que son frère (le traître) entra dans la cuisine suivi, vous savez de quoi? Eh oui, du monstre qu'il ramenait à la maison, tout heureux de sa trouvaille... Il supplia de sa petite voix gémissante de le garder et la décision fut prise presque immédiatement... L'ennemi était là devant elle, et maman le cajolait... Comment osait-elle?

À peine âgée de quatre ou cinq ans, je me souviens clairement de la leçon que la vie venait de m'apprendre: le danger viendrait toujours de l'intérieur... J'étais devenue la sombre victime d'un complot familial! Je crois que c'est à ce moment-là que je pris la décision de garder *le* secret...

Atelier 1
Les perceptions

Nous percevons la réalité en fonction de notre personnalité, de notre attitude et d'un point de vue qui nous est propre. Notre perception générera notre réaction lors d'un événement. Il est donc primordial d'apprendre à créer de nouvelles perceptions qui nous aideront à dépasser nos limites actuelles.

Faites une liste de convictions qui vous limitent dans votre propre vie. En voici quelques exemples.

- Je ne suis pas intelligent.
- Je ne suis pas aussi bon que les autres.
- Chanceux en argent, malchanceux en amour...
- Il y a toujours quelque chose qui vire mal dans mes projets.
- Je ne peux pas changer, je suis comme ça.
- Les hommes sont tous infidèles, c'est comme ça !
- Je suis égoïste de désirer du temps pour moi.
- Je ne mérite pas une seconde chance.
- Si je m'affirmais, je rendrais les autres malheureux.
- Les femmes ne savent pas ce qu'elles veulent.

Maintenant, nous allons transformer ces convictions. Pour chacune de celles que vous avez inscrites sur votre feuille, vous devez dire pourquoi elle est fausse.

Exemple

Les hommes sont tous infidèles, c'est comme ça !

Non, les hommes ne sont pas tous infidèles ; il est vrai que j'ai vécu l'infidélité dans certaines relations, mais je connais des couples où ça n'a jamais été le cas. Je refuse de laisser ma déception décider à ma place en lui donnant le pouvoir de gérer la perception de ma nouvelle relation.

L'événement

Quoi de plus beau, de plus magique pour un enfant que la fête de Noël, cet événement tant attendu? Arbre décoré, repas en famille, père Noël, joie et cadeaux... Chaque année, c'était au dîner de Noël, chez mes grands-parents paternels, que je recevais *mon* cadeau spécial. Grand-papa m'accordait toujours un moment privilégié... J'étais aimée, moi... Beaucoup plus que les autres... C'était assise sur ses genoux au salon, dans sa berceuse recouverte d'un tissu à carreaux brun et beige, pendant que les invités festoyaient dans la cuisine, que grand-papa me montrait son amour en glissant ses doigts sous ma petite culotte. La première fois, j'avais quatre ans, je ne me souviens même pas d'avoir été surprise. Il me donnait de l'affection et, pour cela, j'aurais accepté n'importe quoi. Jamais il n'exigea mon silence, jamais il ne me menaça de représailles, jamais il n'usa de violence, et pourtant je n'en soufflai jamais mot à personne... Je gardais le secret sans même être certaine qu'il y avait un secret. Jamais à d'autres moments, il ne me touchait. J'en déduisais que j'étais la trop jeune victime de la frénésie magique du temps des fêtes!

Pendant quatre ans, j'eus droit exactement au même cadeau... Manquait-il d'imagination ou de temps pour magasiner? J'eus l'impression plus souvent qu'autrement que le cadeau, c'était *moi*! Mon Dieu que je détestais Noël!

La leçon

Bonjour, mademoiselle la directrice! École primaire catholique fréquentée à Montréal-Nord... de la maternelle à la 4e année... petite prière en rentrant le matin, une après la récréation matinale, une avant le départ pour le dîner, une comme dessert au retour, encore une avant la récréation de l'après-midi et une petite dernière avant le départ en fin de journée... Je compris rapidement que s'Il acceptait que je le dérange à tous ces moments de la journée et qu'Il prenait la peine de m'écouter, Il était sûrement Celui en qui je pouvais avoir confiance... Je m'accrochai à cette idée pour réussir à avancer! Je ne m'ouvrais pas aux gens facilement, je n'avais pas beaucoup d'amies... une seule à vrai dire. Je me souviens encore très bien d'elle, elle se prénommait Linda.

Ce fut à cette même école que j'appris, bien malgré moi, à apprécier la lecture... ou, du moins, le livre. Saviez-vous qu'à cette époque le bon Dieu avait tout un tempéramment? Eh oui, il se fâchait si on maltraitait un livre ne serait-ce que par accident! Dès ma première année scolaire, j'appris qu'un dictionnaire avait une très grande valeur, plus grande encore que la vie et l'intégrité d'une enfant. Incident sans conséquence, me direz-vous? Je peux vous confirmer que c'est toujours ainsi qu'on nous enseigne les plus grandes leçons...

Au cours de la première semaine d'une toute nouvelle année scolaire, l'institutrice venait tout juste de nous remettre nos dictionnaires neufs. Évidemment, l'inévitable se produisit. En me retournant trop rapidement, vlan! Mon dictionnaire se retrouva par terre. Je le ramassai à la vitesse du son... Le seul problème est que je ne saurai probablement jamais si le son en question était celui du contact du livre avec le plancher ou celui du contact de la main de mon institutrice venant de m'agripper l'épaule! Elle me secoua avec une telle vigueur que ma tête frappa le calorifère. Ahurie, je la regardai, les yeux remplis de larmes, et courus vers le corridor pour m'enfermer dans mon casier. Je restai un long moment dans la noirceur de mon abri de fortune et réussis à me convaincre que j'étais la victime du terrible bourreau qu'était le système scolaire en entier... Que les études seraient ardues!

À peine âgée de six ans, j'avais compris que, dans la vie, *rien* n'était plus important que la lecture... Et je peux vous affirmer que j'ai lu, et ce, même après avoir déménagé et changé d'école!

Le silence

À une certaine époque, pendant les vacances estivales, nous passions la saison chaude au petit chalet d'été de mes parents. Nous quittions la grande ville et changions de vie pendant quelques semaines, ce qui, année après année, me remplissait d'une joie intense. Le contact avec la nature me donnait l'impression de renaître. Je me cachais des journées entières dans le boisé entourant la maisonnette; même là-bas, j'avais l'habitude de me tenir en retrait. Ce que j'aimais plus que tout? M'étendre sur le hamac à l'extérieur au petit jour et voir la lumière faire discrètement son apparition. À cet instant précis, une douce paix m'envahissait... comme je me sentais bien!

Au cours de l'un de ces étés, mes parents durent s'absenter pour environ une semaine. Quelle idée lumineuse! Devinez sur les épaules de qui le lourd fardeau de s'occuper de nous fut déposé? Eh oui! Chanceuse! J'ai eu droit à deux Noëls, cette année-là... Tiens, je me demande si ce ne serait pas à cette époque

que le Noël des campeurs fut inventé! Dorénavant, on me volait ma saison préférée... Jusque-là, je me blottissais dans le confort et la sécurité de la saison chaude qui semblait refroidir les ardeurs de mon grand-père depuis plusieurs années, mais voilà que MON été me trahissait en ouvrant la porte à l'ennemi. J'étais devenue victime d'un complot saisonnier!

Je me levais tôt... beaucoup trop tôt. Ce matin-là, assise en silence dans un coin du salon, j'aperçus grand-papa se dirigeant vers moi. Le souvenir de son monstre brandi hors de sa tente semblant me regarder droit dans les yeux est encore intact à ma mémoire. J'avais compris que grand-papa avait décidé de me montrer plus profondément à quel point il m'aimait. Il s'avançait vers moi, le «paquet» ballottant à l'extérieur de sa petite culotte, qui, je dois le dire, n'était pas de très bon goût! Avez-vous remarqué à quel point les hommes, en général, ne portent pas une attention particulière à ce précieux détail? Ce fut à ce moment-là, très précisément, que, pour la première (et seule) fois, grand-maman arriva dans la pièce... Dès l'instant, je m'étais persuadée qu'elle avait tout vu et, de ce fait, il me sembla qu'elle lui lança un regard méprisant. J'aurais parié qu'elle avait déjà eu à faire face à une situation similaire auparavant... Elle lui ordonna d'aller s'habiller au plus vite; il obéit.

Enfin, sauvée! Quelqu'un me prendrait dans ses bras et me dirait: «C'est fini, ma chouette. Plus jamais on ne te fera de mal...»

Avait-elle vraiment tout vu ? Savait-elle réellement ?
Je décidai que oui. J'attendis quelques secondes qui me
parurent interminables, souhaitant qu'elle finisse par se
tourner la tête vers moi pour me parler... Le monstre était
là, je le sentais. Je perçus dans le regard de ma grand-
mère un reproche empreint d'un certain dégoût. Était-ce
à son effet ou au mien ? Sans dire un seul mot, elle s'en
retourna à la cuisine... Je restai là, immobile, me ques-
tionnant. À quel point avais-je été si méchante pour
qu'elle m'ignore ainsi ? Non, impossible ! Grand-maman
n'aurait pas fait ça ! Il fallait qu'il y ait une excellente
raison à son silence. Après une analyse rapide, j'en
déduisis que ses petits plats avaient un urgent besoin
d'elle ! Qui aurait pensé que j'aurais pu devenir un jour
la victime du complot sans vergogne d'une batterie de
cuisine ?

À peine âgée de huit ou neuf ans, j'avais compris
que, dans la vie, personne ne me sauverait, ne me pro-
tégerait. J'étais seule...

Le questionnement

Mais où étaient donc mes parents pendant ce temps, me direz-vous ? Ils étaient là, jamais bien loin, mais comment auraient-ils pu imaginer ? Regardez un instant autour de vous... Comment pourriez-vous vous imaginer... votre père... votre enfant ? Papa était un alcoolique colérique, jaloux et violent, mais je crois qu'il m'aimait. Maman... ça m'a pris du temps avant de comprendre qui elle était, beaucoup trop de temps. Pendant des années, il m'a semblé qu'elle était *le* monstre. D'ailleurs, n'était-elle pas *la* personne la plus importante à m'avoir trahie lors de l'épisode du chien ?

Je me fis croire longtemps que la seule explication possible à cette trahison était la «haine» qu'elle éprouvait à mon égard... J'imaginais que, dans ses rêves les plus fous, elle encourageait le fameux chien à me dévorer. Il devait y avoir une raison évidente... Utilisant mon sens de l'analyse aguerri (!), j'en conclus que j'étais une enfant adoptée dans des circonstances nébuleuses et qu'elle s'était retrouvée prise au piège avec ce fardeau ! Une autre hypothèse effleura mon esprit : peut-être avait-elle honte de moi ?

Peut-être étais-je beaucoup plus âgée qu'on ne me le laissait croire ? Probablement affublée sans le savoir d'un profond retard mental, ce qui, à cette époque, n'était ni imaginable ni acceptable ! Chaque fois que mes parents s'absentaient, je partais en safari, je cherchais des preuves de mon âge véridique ou de mon adoption dans tous les coins et recoins des armoires, des commodes, des garde-robes... J'espionnais, bien dissimulée, les conversations des grands espérant obtenir des réponses à mon questionnement. Je n'ai jamais trouvé quoi que ce soit. Naturellement ! Comment aurait-il pu en être autrement ? Il était certain que tous étaient soumis à la loi du silence ! Je n'étais autre que la victime mystifiée du « terrible secret » de mes parents !

S'effacer

C'est à cette époque, peut-être même un peu plus tôt, que je décidai de devenir invisible. J'étais convaincue que si je ne prenais pas trop de place, les gens ne me verraient pas et que, de cette façon, tout irait pour le mieux dans le meilleur des mondes. Je ne voulais surtout pas «réveiller la bouteille» de mon père et encore moins la colère de ma mère. Il était évident qu'un simple souffle de mon corps suffirait à faire s'effondrer la terre entière et il n'était pas question que j'en sois tenue seule responsable!

Espérant éviter que les gens remarquent ma présence, je décidai donc de prendre le moins d'air possible. Ce fut pendant cette période de ma vie que j'inventai un nouvel exercice qui consistait à cesser de respirer lorsqu'une personne pénétrait dans la pièce où je me trouvais. Je prenais une grande respiration et la retenais le plus longtemps possible... Mais, dites-moi, comment une «grosse» schtroumphette devenue bleue par asphyxie dans le coin d'une pièce n'est pas facilement repérable ! Je continuai ce petit manège pendant de longues années, toujours persuadée d'éviter la catastrophe. Que le monde est lourd sur de si frêles épaules !

Comme si ce n'était pas suffisant, j'eus une autre idée lumineuse. Je me mis à faire de «l'automutilation»; le terme est peut-être un peu fort, mais ça fait joli dans mon récit. Avais-je le fantasme de devenir mineur ? Je commençai à me faire des «trous» dans la peau. Je grattais un endroit sain de mon corps jusqu'à ce qu'une goutte de sang s'écoule, je laissais coaguler, puis j'arrachais la petite croûte qui se formait me permettant ainsi d'agrandir le trou. Génial, non ? Lorsque l'orifice devenait assez grand, j'y insérais une mine de crayon. Pourquoi, me demanderez-vous ? Je n'en ai pas la moindre idée !

Pas d'excuses!

Papa n'était pas de ce type d'homme qui s'excusait. Oh non! Selon lui, une bonne correction était toujours nécessaire, voire salutaire... Un soir où il devait s'occuper de nous, en l'absence de maman, il m'envoya au bain en prenant bien soin de m'informer de l'importance de l'hygiène corporelle et en me recommandant de m'assurer de revêtir des sous-vêtements propres à la sortie. À cet âge, la fine lingerie de ma sœur se résumait à une série de petites culottes ayant toutes le même motif; un motif différent ornait les miennes. De cette façon, il était beaucoup plus facile de savoir à qui appartenait le sous-vêtement, éliminant du même coup tout risque d'erreur. Ce soir-là, à la sortie du bain, papa entra dans la salle de bain exactement au moment où j'enfilais ma petite culotte propre. M'apercevant, il se mit dans une colère indescriptible, m'accusa de remettre un sous-vêtement souillé après m'être lavée et me frappa avec force (c'est important de remettre à sa place une tête forte!). En larmes, je lui montrai ma

31

petite culotte sale dans la malle à linge. Il venait d'apprendre qu'il pouvait exister des techniques spécifiques pour reconnaître les sous-vêtements de ses enfants !

Vous pensez bien qu'en bon père de famille repentant il me prit dans ses bras, malheureux du geste qu'il venait de faire, et s'excusa avec tendresse, remords et culpabilité ? Pas du tout ! Il n'en était absolument pas question, mais il prit quand même le temps de s'adresser à moi...

«Bon, bien... ce sera pour les fois où tu méritais une fessée et que tu ne l'as pas eue !»

Si jeune et déjà j'avais compris que, dans la vie, il valait mieux avoir une garde-robe bien garnie ! D'ailleurs, dès le tout début de ma vie de femme, j'ai eu une collection de fine lingerie très enviable ! Plus percutant encore, et plus dévastateur aussi, j'en avais conclu que, dans la vie, un homme n'avait *jamais* à regretter ou à s'excuser !

La honte

C'était à Montréal-Nord que mes parents avaient élu domicile pendant ma tendre jeunesse. Je vois encore la tapisserie de velours noir et doré recouvrant certains murs, les lustres aux plafonds, les grandes pièces. Il y avait même un sous-sol et un garage! Dans mon imaginaire d'enfant, notre richesse ne laissait aucun doute! Le vendredi en fin de journée, nous montions tous dans la voiture de mes parents qui nous emmenait directement au chalet à la campagne. Quelle chance nous avions de pouvoir vivre régulièrement ce retour à la nature! Je me savais choyée, loin d'envier les enfants de ma rue qui n'avaient que la ruelle pour lieu d'amusement.

Le chalet ne se composait que de tout petits espaces : une petite pièce de séjour, une cuisinette, deux minuscules chambres, l'une où dormaient mes parents, l'autre où ma sœur et moi dormions. Mon frère, lui, avait établi ses quartiers au grenier.

Dès le début, l'aspect « primitif » de l'endroit m'enchantait. L'évier de la cuisine était orné d'une pompe à eau rouge. Il n'était surtout pas question de tourner le robinet ! J'aimais pourtant faire gicler l'eau en manipulant l'objet d'une main habile ! La ligne téléphonique, elle, était partagée par plusieurs personnes ; deux petits coups et un grand, c'était chez nous ! La cuisinière était au bois et au propane, les toilettes... eh bien, pour nos petits besoins, nous devions aller aux « chics cabinets d'aisances » situés à l'arrière du chalet ! J'adorais ce dépaysement total, sachant bien qu'il ne s'agissait ici que d'un court laps de temps marquant, pour mes parents, un temps d'arrêt à la suite d'une épuisante semaine de travail.

Lorsque nos parents nous annoncèrent que nous emménagions de façon permanente à la campagne, il me sembla pourtant qu'ils avaient mentionné que le petit chalet ne serait que temporaire, qu'une belle maison serait érigée sur cet emplacement... Il n'y avait aucun doute dans mon esprit, les plans furent *sûrement* égarés pendant le déménagement ! Je me retrouvais cette fois la triste victime d'un déménageur malveillant !

Peut-être aurez-vous de la difficulté à me croire, mais j'avais une forte tendance à m'imaginer le pire des scénarios ! Jamais je n'invitais de camarades à la maison. Je ne me rendais pas chez eux non plus, évitant ainsi de faire croître en moi l'envie, car il était

34

certain – à mon avis – que tous les enfants de la région vivaient dans des résidences de grand luxe! Moi, le vilain petit canard, la seule enfant de ce monde n'ayant comme maison qu'un tout petit chalet, que vouliez-vous que j'aie à leur offrir? Il m'arrivait souvent de descendre de l'autobus scolaire un peu plus loin devant la résidence du docteur de campagne pour brouiller les pistes!

Il est vrai que l'idée que d'autres enfants puissent voir mon père dans son état naturel, c'est-à-dire soûl, me répugnait. Imaginant très facilement tout ce qu'ils auraient pu dire à l'école le lendemain ou encore à leurs parents le soir même, j'évitais le pire en ne me liant pas ou presque pas d'amitié... De toute façon, il était certain que j'étais la seule enfant ici-bas dont un parent était alcoolique! Comment d'autres êtres humains auraient-ils pu comprendre? Et quelle jeune fille fiable pouvais-je être si je n'étais même pas apte à aider mon propre père à ne pas boire? Je n'aurais eu qu'à faire ce qu'il fallait pour l'en dissuader... Mais voilà je n'étais, bien malgré moi, que la pauvre victime d'un complot magistral élaboré depuis plusieurs années entre la Société des alcools et mon père!

À peine âgée de 11 ans, j'avais compris que, dans la vie, *personne* ne devait pouvoir se rendre compte de l'état de tes finances et que, coûte que coûte, il fallait bien paraître...

Le premier baiser

À moins que je ne fasse erreur, ce fut à l'été de mes 11 ans que j'eus droit à mon premier baiser. Oui, je sais, ça fait cliché étant donné le film qui porte ce titre, mais je crois sincèrement que ce fut cet été-là... Il se prénommait Denis et était âgé de 14 ans. Ma sœur et ses copines fréquentaient un groupe de jeunes garçons du camping de l'endroit et, évidemment, il était le seul à ne pas avoir la «chance» d'être jumelé avec l'une de ces chasseresses. Ma sœur me suggéra fortement de fréquenter ce jeune garçon, obtenant ainsi mes droits de noblesse et me procurant l'immense honneur de faire partie de la bande. Ce que je fis...

Le groupe se retrouvait le soir au billard du village ou dans l'une des tentes de l'un des membres de la bande. Naturellement, découverte oblige... les jeunes couples apprenaient à explorer l'immensité et la beauté de la nature entrelacés dans tous les recoins. N'étant pas très chaude à l'idée de quelque contact physique que ce soit, le rapprochement le plus direct que je permettais à mon partenaire était de jouer ensemble aux petites autos... Oui, oui, vous avez bien lu ! Aux petites autos... à 11 ans, va encore, mais à 14 ans ! Je réussis à tenir mon Apollon en respect pendant quelques jours, mais j'eus à essuyer des remontrances sévères de la part des chasseresses. Je dus finir par me résigner... Je lui donnai donc rendez-vous pour lui offrir *le* cadeau, c'est-à-dire la permission de m'embrasser sur les lèvres ! Je réalisai assez rapidement que nous n'avions pas tout à fait la même définition du baiser. Lorsqu'il tenta de forcer mes lèvres en brandissant une langue charnue, la panique m'envahit et je pris mes jambes à mon cou. Le lendemain matin, ayant passé une nuit lamentable, je fus hospitalisée d'urgence victime d'une soudaine fièvre de cheval. J'y restai pendant une semaine...

À ma sortie de l'hôpital, mon père m'emmena directement au camping pour que je puisse retrouver le reste de la famille et des invités qui profitaient d'une journée de beau temps à la plage. Devinez qui m'y attendait ? Eh oui, mon chaud étalon se dirigea avec empressement vers moi. Prenant mon courage à deux mains, je l'informai que je désirais fortement être seule dorénavant.

À peine à la fleur de l'adolescence et déjà j'avais compris que, dans la vie, *aucun* homme ne respecterait mon corps !

Le choix

Après 15 années de mariage que je qualifierais de difficiles, mes parents eurent l'excellente idée de divorcer. Décision que j'appris à l'école du village un matin à la descente de l'autobus scolaire. Une petite «amie» reconnue pour sa diplomatie et sa faculté de se transformer en vipère à sa guise, ayant écouté sur la ligne téléphonique une discussion de mes parents, se fit un devoir de servir d'écho du village pour livrer à qui veut l'entendre son message!

Comme vous le savez, qui dit divorce dit choix! Les trois enfants, âgés entre 11 et 14 ans, devaient choisir avec qui ils préféraient aller vivre. Dans mon cas, étant l'enfant chouchoutée de mon père, le choix était évident aux yeux de tous. Je me souviens très bien de sa tête lorsqu'il me demanda, par principe, quel était mon choix: «J'irai avec maman... Toi, ça serait trop facile, tu m'aimes déjà!»

Je crois sincèrement lui avoir brisé le cœur ce jour-là... Il était convaincu, comme tout le monde d'ailleurs, que j'irais vivre avec lui, mais ma décision était prise, quel que soit le temps que ça prendrait, je remporterais la victoire et elle finirait par m'aimer...

Je n'avais pas encore atteint l'âge de 12 ans et déjà j'avais compris que, dans la vie, on doit *tout* faire pour être aimé !

La vengeance

Pendant quelques mois, le temps que maman réorganise sa vie, nous sommes allées, ma sœur et moi, vivre chez mes grands-parents maternels. Maman aussi y était... un court laps de temps. Pendant la période de mars à juillet, que je qualifierai de «cadeau» dans ma vie, grand-maman avait, à mon avis, rajeuni de 10 ans. Assises sur son lit, nous passions de longues heures à discuter, c'était merveilleux tout ce temps qu'elle m'accordait. Je me sentais soudainement importante.

Beaucoup plus tard, en thérapie, lorsqu'on me demanda quel était le plus beau souvenir de mon enfance, ce fut cette période que je décrivis. Ma grand-mère possédait *le* secret qui guérissait tous les bobos. Un soda à la crème glacée, vous connaissez? Une belle boule de crème glacée à la vanille déposée dans un grand verre auquel on ajoutait de la boisson gazeuse à la saveur de soda mousse, le tout dégusté soigneusement à la paille... Installées confortablement sur la dernière marche de l'escalier extérieur de son appartement à Outremont, chacune son verre à la main, nous sirotions tranquillement cette merveille en savourant tous ses bienfaits ! Pour quelques instants, le temps d'un verre, toutes les difficultés de la vie disparaissaient comme par magie.

Cette même année, un événement libérateur se produisit : mon grand-père paternel m'affranchit de mon secret – du moins, je le croyais – en rendant l'âme par un beau matin de mai. Je me revois, le jour de son enterrement, assise à l'arrière du véhicule me ramenant à la maison, mouillant allègrement la banquette de mes larmes. Maman me demanda ce qui provoquait en moi tant de peine, je ne pouvais quand même pas lui répondre que j'étais encore une fois victime de trahison puisque grand-papa m'avait fait l'affront de mourir avant que j'aie la chance de me venger ! J'inventai donc un bobard sur l'immensité de la perte que je devais vivre. Mais, ancré au fond de moi, je ne devinais que trop bien son plan machiavélique, il avait tout calculé... Me voyant vieillir, il ne savait que trop bien que je voulais me faire justice !

C'est que j'avais travaillé à l'élaboration d'un plan pendant plusieurs années. Le même rêve me revenait périodiquement : je devais avoir atteint l'âge de 16 ou 17 ans. Lors d'une journée où il était seul chez lui, je lui rendais une petite visite de courtoisie. Je frappais à sa porte, aucune réponse, il faisait une sieste. Je pénétrais dans sa chambre sans bruit, me déshabillais et, entièrement nue, j'allais m'asseoir sur lui... À cet instant précis, il était l' «heureuse» victime d'une crise cardiaque foudroyante. Voilà ! Il payait par là où il avait péché. Mon grand-père n'ayant jamais eu de geste de violence physique à mon égard, je ne pouvais m'accorder le fantasme de lui faire vivre une mort violente mais je me permettais de souhaiter profondément sa disparition pour toujours. Voilà qu'il me volait mon rêve, qu'il me dérobait même le droit de me réapproprier mon corps, il l'emportait six pieds sous terre avec lui...

Je devenais désormais la victime éternelle d'un complot entre le temps et la vengance étouffée !

Le rejet

Ce fut à cette époque, peut-être un peu plus tôt, que maman rencontra l'homme extraordinaire qui deviendra mon père dans l'âme...

Maman s'installa chez lui peu à peu. Elle passait la semaine auprès de lui et tous deux venaient nous chercher, ma sœur et moi, chez mes grands-parents pour des sorties la fin de semaine. Pour des raisons de logistique, ce fut ma sœur que maman fit venir la première (c'était simplement parce qu'elle ne fréquentait pas la même école et avait terminé son année scolaire avant moi). Ce que je pris automatiquement pour du favoritisme envers ma sœur et du rejet total de ma petite personne. Et vlan! Une autre blessure profonde m'était infligée. J'avais pourtant bien appris dès mon jeune âge que je ne pouvais me fier au système scolaire! Il fallait qu'un complot se trame entre ma mère et le ministère de l' Éducation, c'est certain!

Une décision s'imposait, une fois emménagée avec eux, je devais réussir à prendre le moins de place possible pour ne pas déranger ce petit bonheur tant espéré (et, je dois l'avouer, surtout bien mérité !). Étant sûre que ma venue dans ce petit paradis viendrait chambouler l'équilibre ainsi créé, je choisis de prendre action physiquement. Chaque soir, avant d'aller au lit, je m'enroulais d'une épaisse couche d'un large ruban gommé ! De cette façon, c'était garanti, mon corps resterait toujours petit, évitant ainsi de prendre trop de place pendant la nuit. Quelqu'un a-t-il déjà pensé à mesurer l'étendue de la morphologie humaine pendant le sommeil ? Sait-on jamais ce qu'on pourrait y découvrir...

Il arrivait aussi que je me rende à la polyvalente ainsi enrobée lorsqu'il me semblait que la nuit avait été trop courte pour en retirer les bienfaits recherchés. Personne ne s'en rendait compte. Pour ceux qui trouveraient l'idée géniale, ai-je besoin de vous spécifier que ça n'a jamais fonctionné !

Si je ne me suis pas mise à fumer, à boire ou à sortir avec les amis à l'époque, ce n'était probablement pas par pureté de cœur mais plutôt parce que tout mon argent de poche passait au renouvellement de rouleaux de ruban gommé !

Et si je n'avais pas ou presque pas de vie sociale, ce n'était certes pas dû à ma nature sauvage mais au coût exorbitant du matériel. Déjà à cet âge, j'étais victime des fluctuations du coût de la vie !

Des mots pour le dire

Je ne vis presque pas mon père les deux années qui suivirent. Est-ce que ça m'a manqué ? Je ne pourrais le dire. Il y avait tant de changements dans ma vie et le regard que je portais sur ma mère devenait peu à peu différent...

Je n'étais plus la dernière, la plus jeune... J'avais maintenant un petit frère et une petite sœur que j'adorais. Je devais servir d'exemple, être à la hauteur, ne jamais faire d'erreur car désormais j'étais la grande de la maison.

Lors d'un cours de français, mon professeur me demanda un travail particulier, il s'agissait d'écrire un texte sur un événement de ma vie que j'aurais désiré pouvoir changer. L'image de toutes ces bouteilles d'alcool que je vidais dans l'évier et que je remplaçais par du vinaigre et des produits nettoyants espérant rendre mon père assez malade pour qu'il dise adieu à l'alcool resurgit à ma mémoire... Dire ce que je n'avais jamais dit, partager les pensées les plus intimes que je n'osais qu'à peine penser, utiliser les mots, les bons, les vrais. Ce fut mon tout premier contact avec l'écriture et son aspect thérapeutique. Le voici intégralement.

* * *

Ça n'arrive qu'aux autres...

Je le connaissais depuis plusieurs années déjà. Au début, je le voyais plus beau, plus fort, plus intelligent que quiconque.

Ce physique qu'il ne possédait pas, cette carrure d'épaule, ces muscles, ce sourire, ces yeux doux, cet amour pour moi et les miens, tout cela, moi je le voyais... Mais j'étais la seule, cela n'existait pas... il ne possédait rien de tout cela !

Je croyais être la seule femme dans sa vie... ce n'était pas vrai. Au fil des ans, je m'aperçus qu'il me mentait car ELLE était apparue bien avant moi !

ELLE, possessive comme il n'en existe plus, hypocrite et cruelle, détruisait sa vie devant moi et je ne pouvais rien contre ELLE... Je ne pouvais rien pour lui...

Les premiers temps, je ne LA voyais pas fréquemment, du moins c'est ce que je croyais, mais plus les semaines et les mois passaient, plus ELLE venait souvent.

Pauvre homme, il ne s'apercevra jamais du tort qu'ELLE lui faisait... J'essayais pourtant de lui parler, de lui demander de LA laisser... de me revenir... il ne voulait rien entendre. ELLE le tenait dans ses griffes de chatte sauvage et riait de ce rire sadique qui n'appartenait qu'à elle. Je LA détestais. Oui, je LA détestais !

Après plusieurs années, il perdit tout pour ELLE : sa femme, ses enfants, sa maison... tout ! Mais ELLE était toujours là, ELLE l'aiderait, ELLE le cajolerait, ELLE le comprendrait... Mais ELLE ne fit que de plus en plus de mal.

Je l'ai revu dernièrement, ce pauvre homme, il faisait peine à voir, décharné, presque chauve, les yeux hagards. ELLE en avait fait une loque humaine. ELLE l'a brisé, détruit... Mais ELLE n'abandonnera pas, ELLE lui prendra jusqu'à son dernier souffle, le tordra pour en extraire un dernier soupir ! Et cela, ELLE l'aura bientôt... très bientôt.

ELLE aura réussi encore une fois ! Cela ne L'empêchera pas de vivre, ELLE, après lui, il y en aura un autre et un autre... et dix autres, cent autres ! Mais ELLE sera toujours là, toujours aussi belle, aussi séduisante, cette beauté sauvage... mais toujours aussi cruelle !

ELLE... une bouteille de gin,

LUI... mon père !

* * *

À peine âgée de 14 ans, j'avais compris que ma tâche dans la vie était de sauver les gens que j'aime !

Atelier 2
Dire

À la base de tout désir de croissance, on trouve un besoin de « dire ». Apprenons à laisser sortir nos déceptions à l'aide des mots...

Assis dans un endroit calme où vous vous sentez en sécurité et où vous ne serez pas dérangé, prenez quelques feuilles de papier et un crayon. Répondez à la question suivante : quelle situation de votre enfance aurait pu faire en sorte que votre vie soit totalement différente si vous aviez pu la changer ? Décrivez le plus précisément possible la situation, ce que vous avez ressenti à ce moment-là, votre déception, ce que vous auriez voulu y changer...

Si plusieurs événements remontent à la surface, recommencez cet exercice pour chacun d'eux.

L'envie...

Quelque temps auparavant, ma mère avait épousé l'homme admirable qui nous avait accueillis les bras et le cœur grands ouverts. Je ne sais pas si on peut me considérer comme profondément atteinte du complexe d'Œdipe, mais je salue son courage incroyable. Imaginez un peu, un homme qui n'avait jamais eu d'enfants se retrouvant du jour au lendemain en train de partager son quotidien auprès de non seulement un, ni deux mais bel et bien trois adolescents en pleine crise d'identité et... quelle crise !

Nous avions des tempéraments assez théâtraux, merci ! Et aucun de nous ne pouvait s'en défendre en invoquant une quelconque ressemblance avec lui ! Si on avait remis à l'époque des oscars pour les adolescents les plus mélodramatiques, nous les aurions tous remportés haut la main ! La vie n'ayant pas été nécessairement très douce avec nous, nous prenions un malin plaisir à lui remettre aisément la pareille ! Ce n'est pas que nous manigancions des mauvais coups, nous étions plutôt sages de ce point de vue, mais plutôt dans notre façon d'affirmer notre identité et notre rébellion contre l'autorité parentale. Et mon nouveau père était muni, avouons-le, d'un caractère assez irascible quant au respect de la discipline et des règles à suivre... On l'aurait été à moins !

De l'agressivité aux histoires inventées, en passant par la grossesse à l'adolescence, nous l'avons bien initié aux «plaisirs» de la paternité ! Je crois que c'est grâce à nous qu'il vit apparaître les tout premiers signes de la maturité chez l'homme : les cheveux blancs ! Enfin, quelque chose de positif !

Si je devais évoquer l'image la plus représentative de cette période de ma vie, ce serait fort possiblement celle d'un chantier de construction et que je nommerais affectueusement «période brin de scie»... La maison était en constante rénovation ! Mon père fit et refit les divisions de cette maison je ne sais combien de fois ! Il voulait que l'espace soit adéquat pour tout le monde, que chacun ait sa propre chambre, son propre univers, que maman se sente vraiment chez elle... Un mur érigé ici, une paroi abattue là, un nouvel emplacement pour l'escalier, une nouvelle salle de bain. Il travaillait fort, trop fort. Jamais je n'aurais cru qu'un homme pouvait faire preuve d'autant d'ardeur et de détermination pour faire en sorte que les siens soient heureux. Qu'on me donne le choix de renaître aujourd'hui, c'est ce père-là que je choisirais ! Mais la vraie question ici serait plutôt : étais-je à la hauteur de l'apprécier à sa juste valeur à ce moment-là ? Sûrement pas...

Le jour de leur mariage au mois de janvier, il faisait tempête. Mon père disait qu'il emmènerait maman en motoneige s'il le fallait, mais que rien ne l'empêcherait de l'épouser ! Wow ! N'est-ce pas habituellement la journée où Monsieur souhaite profondément que la planète soit victime d'un cataclysme, seule excuse acceptable aux yeux de Madame pour annuler l'événement ?

Ma mère, vêtue pour le grand jour d'une jolie robe longue bleu pâle qu'elle avait elle-même confectionnée, brillait de la beauté d'une future maman entamant son cinquième mois de grossesse. Lui, paraissant calme, occupait sont temps en me manucurant patiemment les ongles à la table de cuisine, prenant bien soin de les couvrir d'une fine couche de vernis blanc sans jamais causer de bavures. Même moi, je n'aurais pu faire mieux ! Elle était belle, il resplendissait de bonheur. J'étais jalouse non pas de l'amour qu'il lui portait, mais de toute cette joie qui semblait les habiter et qui ne daignait pas me visiter. Étais-je victime d'un complot diabolique entre la jungle des émotions et mon cœur ? Ne devrais-je ressentir désormais que celles qui font mal ? Il me semblait pourtant que j'étais heureuse pour elle, pour eux. Aujourd'hui, lorsque j'ai le cafard et que j'observe les photographies du mariage, j'ai l'impression que j'assistais à un enterrement. Le visage fermé, le sourire absent, aucune émotion. C'est qu'à cet âge, voyez-vous...

J'avais décidé que, pour survivre dans la vie, je ne devais rien ressentir.

L'adolescence

Qui ne se souvient pas de l'école secondaire ! Il est vrai que si nous nous reportons à cette époque, la question serait plutôt : qui s'en souvient ? Période de décisions, d'indécisions, de remises en question et de constante évolution... L'école secondaire, transition notoire et combien obligatoire ! Vous vous en doutez, le mien ne fut pas de tout repos !

Dès le premier cycle, je m'amourachai d'un jeune adolescent qui ne voulait absolument rien savoir de moi. Je restais là à surveiller si, par hasard, son regard ne croiserait pas le mien. Plus il m'ignorait, plus je m'intéressais à lui. Je me cachais dans la haie de cèdres qui bordait le terrain de la maison attendant qu'il passe dans ma rue. Je savais très bien qu'il ne me portait aucun intérêt, mais c'était plus fort que moi. Si j'étais assez gentille, il finirait bien par m'aimer ! Il ne me suffisait que d'apprendre à lui faire vraiment plaisir. J'ignorais les autres, il n'y avait que lui...

M'aurait-il tant subjuguée s'il m'avait au moins re-
gardée ?

En classe, je m'étais pourtant liée d'amitié avec
un autre étudiant de mon groupe. Nous aimions
beaucoup discuter ensemble, nous vivions une belle
proximité, ce que je considérais comme une très
grande amitié. Un soir, il m'invita à une fête en son
honneur donnée par ses parents et m'avoua candide-
ment son « amour ». Avec grand respect, je pris le
temps de lui expliquer clairement quelles étaient les
raisons qui m'empêchaient de m'impliquer plus
intensément dans notre relation qui, je dois le dire,
m'apparaissait parfaite jusqu'à ce jour. Il versa des
larmes...

Il n'en fallut pas plus, vous l'aurez deviné, pour
que toutes mes émotions s'entrechoquent et que la
culpabilité m'assaille. Je rentrai chez moi et pleurai
toute la nuit en m'imaginant le pire. Qu'allait-il lui
arriver ? Comment avais-je pu me permettre de lui
faire vivre une si grande tristesse ? Le lendemain
matin, je lui téléphonai pour lui dire que, puisqu'il
souffrait tant, j'étais d'accord pour m'investir dans
notre relation de la manière dont il le souhaitait.
Amusé, il m'assura qu'il se sentait très bien et qu'il
n'avait eu qu'un instant de faiblesse lequel, disons-le,
était bien maîtrisé depuis, puisqu'une autre jeune fille
avait bien volontiers accepté mon rôle. Il était maintenant évident à mes yeux que toute cette mise en scène

n'avait eu d'utilité que de rendre cette jeune fille jalouse et de la pousser ainsi dans les bras de mon camarade ! Qui aurait pu penser que, si jeune, j'aurais pu être victime d'un complot manigancé par un Cupidon sans-cœur ? Notre douce amitié s'éteignit...

La toute première fois...

Jeune fille studieuse de 5e secondaire âgée de 16 ans, première de classe, je ne sortais pas, n'avais jamais eu de relations amoureuses, je veux dire ici relations réciproques, ne buvais pas ni ne fumais. Ma seule et grande passion à l'époque consistait à m'occuper de mes jeunes frère et sœur que j'emmenais d'ailleurs partout avec moi.

Je le rencontrai à la polyvalente que je fréquentais. Il était toujours entouré de jolies filles, était le chef de sa bande et champion de karaté. Lors des périodes de repas à la cafétéria, il savait attirer l'attention... Je l'avais remarqué, comme bien d'autres, pour les nombreuses interventions que les surveillants devaient faire auprès des siens. À cette époque, faisant toujours les yeux doux au même très beau jeune homme qu'au début de mes études secondaires qui, je dois l'avouer, occupait beaucoup trop de place dans mes pensées (il ne me portait pas plus d'intérêt), j'ignorais «karaté man» autant que faire se peut.

Entre deux cours, dans les allées des casiers où nous allions prendre nos volumes, je m'étais décidée à enfin avouer mes sentiments à mon Roméo désintéressé (son casier étant adjacent au mien). Il me sourit et me répondit que c'était très flatteur, mais que je n'étais vraiment pas son style... qui était plutôt celui de ma camarade de classe : petite, blonde, yeux bleus, armée d'une paire de seins qui auraient fait rougir Madonna! Avouons qu'à 16-17 ans les jeunes hommes mesurent souvent leurs sentiments aux bonnets du soutien-gorge de leur proie!

Humiliée, je quittai en trombe l'allée pour emprunter l'escalier qui me mènerait le plus rapidement possible à mon local, les yeux mouillés par des larmes qui se refusaient à couler. La cloche retentit et, en à peine 30 secondes, l'escalier fut rempli de jeunes gens qui se bousculaient pour ne pas arriver en retard à leurs cours. Posté un palier plus haut, «karaté man», ayant été témoin de la scène déchirante entre la Belle et la Bête, descendit à contre-courant pour me rejoindre et s'arrêta droit devant moi en disant d'une voix forte pour que tous l'entendent bien :

«Mademoiselle Fortin, je veux que vous sachiez que je vous aime!» Ouf! Mon sauveur!

Cœur brisé oblige... Il n'en fallut pas plus, vous l'aurez deviné, pour que je lui tombe dans les bras!

Il fallait que ça m'arrive! J'aurais pu continuer l'ascension de l'escalier sans l'écouter, mais non...

J'aurais pu attendre qu'un autre prétendant se jette à mes pieds, fleur à la main ! Re-non ! Voilà que ma vie prenait un nouveau tournant. Eh oui, comme tant d'autres, je tombais amoureuse ! Et je peux vous affirmer que l'expression «tomber» était vraiment de mise, la chute fut spectaculaire ! Pourquoi douter de la possibilité qu'il y ait ici un signe du ciel ? «Mon choix» venait de s'arrêter sur le plus adorable des garçons et ce n'était certes pas parce que les professeurs tentaient l'un après l'autre de me convaincre que je méritais beaucoup mieux, que je devais pour autant m'en inquiéter !

C'était décidé, ce jeune voyou qui buvait comme un trou serait celui avec qui je partagerais ma vie.

J'aurais aimé avoir la possibilité de lui offrir ce que j'aurais dû avoir de plus cher, mais un autre s'était offert ce cadeau bien longtemps auparavant. Comme il insistait fortement sur l'importance de ma virginité, je n'en soufflai mot. De toute façon, qui aurait pu s'en rendre compte ? Ce n'était pas écrit sur mon front !

La première fois... ou plutôt ce qui aurait dû l'être. Il pensa à tout. Il avait pris la peine de réserver une chambre d'hôtel et de s'y rendre en après-midi pour aménager certains petits détails qui me surprirent au plus haut point. Sur le lit était placée une peluche représentant un petit dinosaure, dans les teintes de jaune pastel, qu'il avait achetée plus tôt dans la journée. Devant le miroir, un immense bouquet de roses m'attendait. Il décrivait cette pensée comme étant l'illustration du passage de l'enfant à la femme. Qui aurait pensé à un tel scénario ? Il était clair que j'avais affaire à un pro ! Grand-papa lui-même n'avait jamais pensé à rajouter quelque cadeau que ce soit à celui qu'il insistait pour m'offrir à Noël.

La première relation fut, je suppose, comme toutes les premières. Nerveuse, complexée, l'idée que quelqu'un me voie nue était bien loin de m'exciter. Je me remis entre ses mains espérant que le tout serait terminé rapidement. Malheureusement, je n'eus pas affaire à un éjaculateur précoce... Je pris mon mal en patience et m'efforçai de penser à autre chose en attendant l'aboutissement de ce va-et-vient incessant. Je poussai un soupir de soulagement lorsqu'il libéra sa tension en moi, ce qu'il interpréta, je crois, pour un signe de plaisir. Pour peu, il aurait été prêt à recommencer ! Je me relevai, pris un bain, me rhabillai sans vraiment dire quoi que ce soit. Il en déduisit probablement que, en proie à une trop vive émotion, je ne pouvais que garder le silence, encore éblouie par tant d'adresse ! Il vint me reconduire chez moi. Devant la maison, sous l'éclairage du lampadaire, il me demanda, fier de ses performances, comment je me sentais maintenant que j'étais devenue « femme ». Je crois qu'il attendait un discours du type « je suis la femme la plus heureuse du monde » ou encore « c'était merveilleux »... Je lui répondis sans aucune hésitation : « Comme une putain ! » Sans me retourner, je rentrai chez moi.

Par la suite, nous recommençâmes l'expérience au moins une fois par semaine, mais je n'eus plus jamais droit aux peluches ni aux roses !

L'orgueil

À la suite d'une discussion animée, probablement dans un ultime effort de me faire réagir ou tout simplement agir, ma mère me fit part de son intention de me «laisser partir» dès la fin de l'année scolaire. Elle aurait sûrement souhaité que, pour une fois, je dise quelque chose d'équilibré. Ce ne fut pas le cas. Je ne lui dis pas que j'avais besoin d'aide, que j'étais trop jeune pour y arriver seule et surtout pas que j'avais encore besoin d'elle! Voilà que j'étais la victime éhontée de mon propre orgueil! Voulais-je vraiment quitter la maison? L'idée ne m'avait même jamais traversé l'esprit! Je venais d'être acceptée en techniques d'architecture au cégep, je m'étais battue pour y arriver car, à l'époque, les femmes n'étaient pas bienvenues dans ce programme réservé depuis toujours aux hommes. C'était mon rêve... prouver aux hommes que *je* valais autant qu'eux! Que se passerait-il maintenant?

Je donnai tout simplement rendez-vous à mon «karaté man» pour lui annoncer qu'il aurait la chance inouïe de m'avoir désormais auprès de lui en tout temps. Pour ajouter au côté positif de la situation, je lui fis miroiter le fait qu'il économiserait sans aucun doute un bon montant sur les chambres d'hôtel ! Ce qui eut vite fait de le convaincre ! Le soir même, épluchant les journaux locaux, nous découpions les petites annonces offrant des appartements que nos moyens financiers nous permettaient de louer. Quelques heures plus tard, sans égard à l'emplacement ou à la salubrité des lieux, nous signions avec le premier locateur qui acceptait de nous louer malgré notre jeune âge. Et ce fut bail en main que je m'en retournai à la maison, le sourire du vainqueur imprégné sur le visage !

La jalousie

Juin arrivé et, donc, l'année scolaire terminée, nous emménagions tous deux dans notre «merveilleux» 2 pièces meublées, au 3e étage d'un immeuble minable. C'était là que je l'attendais les longues nuits où il ne rentrait pas, que j'affichais le plus large sourire lorsque, lors de son arrivée au petit matin, il me disait gentiment à quel point il savait apprécier ma présence et un bon petit déjeuner préparé avec amour après avoir passé la nuit avec une autre. C'était là aussi que, assise sur ce qui nous servait de canapé et discutant au téléphone avec un confrère étudiant, il me frappa la première fois. Stupéfiée, je venais de découvrir ce qu'était la jalousie.

Ne pas être vue, ne pas prendre de place, ne pas déplacer de poussière... se fondre dans le décor... disparaître... Je diminuais mes portions, je devenais de plus en plus mince, bref, je mangeais de moins en moins. Ne pas être vue, ne pas prendre de place... je cessai presque totalement de manger évitant ainsi d'être remarquée !

À peine âgée de 17 ans, j'avais compris que, dans la vie, il valait mieux être très, très gentille !

Notre vie commune dura un peu plus d'une année, j'avais dû quitter mes études au cégep puisque mon don Juan avait perdu son emploi. Il fallait donc que je travaille à temps plein pour subvenir à nos besoins. Peu après, ayant un urgent besoin de liberté réciproque, nous prîmes des chemins différents.

Plusieurs années plus tard, je l'aperçus dans un centre commercial ; la vie agit parfois comme une grande humoriste... Il se dirigea droit vers moi, s'arrêta et, en me regardant tendrement dans les yeux, me dit : « Avoir su que tu deviendrais aussi belle, je ne t'aurais jamais quittée ! »

Ne trouvez-vous pas que, parfois, des individus courent après ? Je me fis un malin plaisir de lui répondre d'un ton assuré :

« Avoir su que je deviendrais si belle, je ne me serais jamais contentée de toi ! »

Est-ce que l'inscription « victime » commençait à s'ébranler ? Nous ne nous revîmes plus.

Être sale...

Je me fis embaucher comme vendeuse dans une boutique pour dames. En très peu de temps, on me nomma gérante adjointe me démontrant ainsi l'appréciation qu'on avait pour une travailleuse acharnée. Ça représentait quelque chose d'important pour moi, j'étais devenue la plus jeune gérante adjointe œuvrant dans ce centre commercial important de la région. Malgré tout, je continuais à subir le triste sort qui m'avait été dévolu à ma naissance par ma vilaine fée marraine !

Les aventures se succédèrent... les malheurs de même ! Je fréquentai un joueur de basketball raté, un riche homme d'affaires égyptien et marié, un propriétaire de bistro libanais et misogyne, et un comptable, lui aussi marié et totalement inconscient. Il m'arrivait d'accepter deux invitations au restaurant le même soir. Je fixais l'heure du premier rendez-vous assez tôt, vers 18 heures, et calculais environ deux heures à tenir compagnie à ce premier prétendant puis, au moment que je jugeais opportun, je prétextais un malaise pour me faire reconduire chez moi. Environ une heure plus tard, mon second rendez-vous sonnait à la porte. La façon de procéder était simple et efficace. Selon l'intérêt que je portais au prétendant, il pouvait avoir la chance d'obtenir le second service car c'était auprès de celui-ci que je passais la nuit ! Parallèlement, il me semblait que je déployais des efforts surhumains pour réussir à établir une relation saine avec un partenaire stable... Je ne comprenais absolument pas ce qui causait l'instabilité de ma vie affective. Après mûre réflexion, je devais tout simplement être victime de mon appétit insatiable !

Un soir, accompagnée d'un camarade avec qui j'avais lié une relation platonique (difficile à croire, n'est-ce pas ?), je ressentis *le* coup de foudre pour un musicien qui, je l'appris le lendemain au réveil, était marié. En passant devant lui alors qu'il interprétait une chanson d'amour, il regarda dans ma direction juste au moment où il chantait : «I love her so...» Et vlan ! Cupidon m'avait atteint d'une de ses flèches empoisonnées ! Entre deux chansons, il vint s'asseoir près de moi pour discuter un peu. L'heure de la fermeture approchait et mes yeux se perdaient dans les siens. À cette vision, mon camarade se pencha à son oreille et lui dit : «Fais attention à ma petite sœur, veux-tu ?» Sur ce, il partit nous laissant face à face, Cupidon et moi.

C'était le 23 décembre, eh oui, un cadeau de Noël! Il passa la nuit avec moi et, au petit matin, rentra chez lui annoncer à sa conjointe qu'il avait trouvé *la* femme de sa vie! Inquiétant, n'est-ce pas? Elle absorba la nouvelle assez bien, à la grande surprise de monsieur, ce qui eut pour effet de provoquer en lui certaines interrogations. Notre aventure dura environ trois mois. Je travaillais beaucoup, lui chantait tous les soirs. Deux ou trois fois par semaine, en terminant le boulot, j'allais le rejoindre et assistais ainsi au spectacle jusque tard la nuit. Ce rythme eut tôt fait de drainer mon énergie et, peu à peu, j'espaçai mes apparitions. Notre relation s'éteignit de la même façon qu'elle avait commencé: tout feu tout flamme, du jour au lendemain, sans même y travailler et sans jamais en discuter. À bien y penser, je crois que j'étais l'excuse rêvée dont ils avaient tous deux besoin pour leur permettre de mettre fin à une union où ils n'évoluaient plus. À nouveau seule, j'avais été cette fois la victime d'un couple malheureux incapable de se rejoindre et de communiquer.

Je me souviens de cette époque comme étant l'une des périodes les plus noires de ma vie. Ne comprenant pas ce qui me causait tant de malheurs, j'étais en réaction avec l'univers tout entier. Je passais mes soirées assise sur le plancher de mon appartement, les lumières éteintes, les rideaux tirés, le combiné du téléphone décroché. Comme seule activité, je prenais une douche ou un bain. Il arrivait fréquemment que je me lève, me rende à la salle de bain, me lave, sèche mes cheveux, me coiffe, me maquille et retourne m'asseoir par terre. Une heure plus tard, je recommençais le même manège. Je m'isolais du monde, je m'enfermais moi-même pensant éviter ainsi de faiblir devant un autre bel adonis. À cette époque, j'avais, je crois, confondu les mots «aimer» et «baiser»! Pour ressentir le moindre sentiment que ce soit, je devais absolument être en contact sexuellement. Si un homme disait me trouver belle, je croyais qu'il me ridiculisait; s'il disait que je l'excitais, je croyais qu'il m'aimait.

S'il suffisait d'aimer...

Pour m'aider à exercer une métamorphose dans ma vie, je changeai de milieu, emménageai dans un nouveau quartier, m'assurant ainsi un nouvel équilibre que je souhaitais beaucoup plus sain. En passant devant un joli petit immeuble, je décidai que c'était là où je voulais vivre ma transformation. Cet événement me marqua car en arrivant chez un couple d'amis qui y vivait tout près, je leur annonçai mon intention de louer un appartement très précis situé dans cet immeuble. Évidemment, ma copine me fit remarquer qu'il n'y avait pas de logement vacant à ce moment. Convaincue et surtout convaincante, je leur affirmai que celui-ci serait libre très bientôt. Je n'élaborai pas de macabres plans pour obtenir ce que je désirais, mais, comme le dit si bien l'adage, «ce que femme veut...». La semaine suivante, un écriteau apparut exactement sur la porte vitrée de l'appartement convoité... Ça, c'est ce qu'on appelle «programmer le trouble»! Sans perdre de temps, sans m'enquérir de mes voisins potentiels ou des habitudes de l'immeuble, je signai le bail remplie de bonheur.

Sur le même palier, juste à la porte voisine, l'appartement numéro 3 était occupé par un très bel homme, de sept ans mon aîné, qui faisait le bonheur de ces dames. Non seulement dans l'immeuble, mais aussi dans le quartier tout entier !

Cet immeuble avait quelque chose de particulier : était-ce les ondes qui y circulaient ou encore les vapeurs qui s'y propageaient ? Je ne le saurai probablement jamais, mais, pour une raison inconnue, tous les occupants s'étaient rapidement liés d'amitié. Tous les samedis soir, on se retrouvait à l'appartement du dessous pour faire la fête. Mais fêter quoi, me direz-vous ? Aucune idée ! Il y avait immanquablement toujours beaucoup d'alcool. Possiblement traumatisée par l'alcoolisme de mon père et de mon ex-conjoint ou les deux, je ne buvais jamais. Était-ce la peur ? Peur de l'alcool ou peur de moi, je ne tentais même pas de le découvrir.

Le locataire de l'appartement numéro 3 et moi nous étions rencontrés une fois ou deux au lavoir de l'immeuble et beaucoup plus fréquemment à ces fameuses soirées. À aucun moment, nous n'avions eu de geste intime l'un envers l'autre ni même démontré quelque attirance qui soit l'un pour l'autre. Honnêtement, la liste d'attente m'apparaissait beaucoup trop longue !

Ce soir-là, à la demande d'une amie, je me rendis au salon pour ouvrir une fenêtre car la chaleur dégagée dans la pièce était devenue insupportable. Lorsque je me retournai pour remonter le corridor menant à la cuisine, il était là, devant moi. Sans dire un mot, il m'enlaça et m'embrassa passionnément. J'avais l'impression de rêver, tout se passait comme si le temps venait de se figer. Sans laisser échapper un son, je retournai à la cuisine pour m'excuser de mon départ hâtif et remontai à mon appartement les jambes encore amollies par tant d'émotions. Plus d'une heure plus tard, on frappa à ma porte, j'ouvris... C'était lui. Dans un état d'ébriété avancé, il me lança son amour au visage. Je lui suggérai fortement de revenir me dire la même chose une fois sobre et refermai simplement ma porte. Avais-je l'air si naïve?

Le lendemain matin, on frappa de nouveau à ma porte, j'ouvris une fois de plus. Il était là, se tenait bien droit et me dit:

«Je suis complètement sobre, tout ce que je possède c'est mon vélo et ma paire de jeans, et je t'aime toujours!»

Il n'en fallut pas plus... Vous l'aurez deviné, je l'ai épousé!

Il avait un emploi à temps plein, gagnait un salaire convenable et n'avait pourtant jamais un sou dans ses poches. Je me disais que c'était normal, je ne posais jamais de questions, mon dicton étant : «Pose pas de questions, t'auras pas de mensonges !» Il buvait avec les copains, je le savais, et l'alcool ça coûte cher ! Jamais il ne m'emmenait au resto, jamais il ne m'achetait de cadeau, mais il disait *les* mots, les seuls qui comptaient...

À peine cinq mois plus tard, nous convolâmes en justes noces ! Le jour de notre mariage, qui se voulut une union civile, la vérité voulut me faire un signe, mais j'étais trop occupée ! Lors de la réception, cherchant mon Roméo, j'ouvris la porte d'une petite pièce en retrait. Mon nouveau mari m'avait sûrement caché sa passion pour l'art culinaire, car il était penché au-dessus d'une table où se trouvait une petite quantité de farine blanche ! Peut-être voulait-il me préparer une surprise ? Debout, dans l'embrasure de la porte, refusant d'admettre la réalité qui se présentait à moi, je préférai refermer la porte sans être remarquée et décidai de fermer les yeux sans jamais en parler... Mon monde ne pouvait ainsi s'écrouler !

Une semaine plus tard, jour pour jour, à la suite de très fortes nausées et de vomissements fréquents, croyant être victime d'un empoisonnement, je me présentai à l'hôpital où j'appris, contre toute attente, que j'aurais l'immense joie d'être mère ! Lorsque mon mari vint me retrouver, je lui murmurai l'incroyable cadeau que la vie nous faisait alors que j'étais étendue sur une civière. Quel merveilleux moment ! Il me regarda et dit d'un ton rassurant :

«C'est ça, merde! Adieu ma voiture sport!» Tout à fait la réaction rêvée qu'une jeune mariée, enceinte de surcroît, était en droit d'espérer...

De cette réaction, démonstration ultime d'un immense bonheur (!), je conclus qu'il valait mieux que le bébé ne prenne pas trop de place. Ne pas être vue... ne pas prendre de place... se fondre dans le décor... disparaître... de nouveau, je diminuais mes portions de nourriture, espérant que mon ventre florissant n'éveillerait pas trop son sentiment de déception. Je nourrissais la vie en moi et pourtant, je mangeais de moins en moins. Ne pas être vue... ne pas prendre de place...

Union de violence, de drogue, d'infidélité, de peur, d'angoisse, de mensonges, de vol... j'ai pourtant reçu le plus merveilleux des cadeaux. Mon mari m'avait offert, non sans regret, la possibilité de vivre mon plus grand souhait! Eh oui, non seulement un, mais bien deux beaux garçons étaient nés! Mon premier accouchement eut lieu le 23 janvier 1985 et le second, le 26 janvier 1986. Pas de temps à perdre, me direz-vous?

Mon premier accouchement fut suivi de sérieuses complications. À la suite d'une thrombophlébite profonde, je fus hospitalisée pendant plus de deux mois. Au département des soins intensifs pendant plusieurs jours, les spécialistes ne croyaient pas pouvoir me garder en vie. À force d'acharnement, de médications puissantes, de traitements de médecine nucléaire, de réadaptation physique, ils gagnèrent le pari de me permettre une seconde chance. Mon tendre et doux mari, par contre, trouvait que le temps s'éternisait un peu trop à son goût et croyait fortement qu'un organe non utilisé activement pouvait finir par éclater ! Lors de l'une de ses visites, il m'informa de son intention d'aller se soulager ailleurs si je ne faisais pas quelque chose tout de suite pour le délivrer de « sa profonde souffrance » ! Quelle épouse aurais-je été de laisser l'homme que j'aimais dans un tel désarroi ? Que peut-on désirer de plus fantasmatique et excitant que l'ambiance nuptiale d'un lit d'hôpital ? La vue d'une femme perfusée reliée à un poteau retenant son soluté devait lui être d'une obscénité insupportable. Tant pis ! Je reçus donc mon congé de l'hôpital déjà enceinte de mon second enfant !

Lorsque les examens furent concluants, le médecin m'annonça ma nouvelle grossesse en tentant immédiatement de me convaincre de me faire avorter. Les risques étaient beaucoup trop élevés : j'étais sous anti-coagulothérapie, je portais une prothèse à la jambe gauche, je me déplaçais avec une canne, mon corps était terriblement affaibli à la suite de l'accouchement dont je me relevais à peine ! Je me souviens de l'expression du visage de mon médecin lorsque je lui répondis : « Mon bébé, lui, est-il en danger ? Non ! Seulement moi ? Vous êtes certain que je n'y survivrai pas? Alors si mon bébé ne risque rien, je m'occuperai de moi-même, merci beaucoup!»

Il resta estomaqué, et pendant tout le premier trimestre de ma grossesse, il tenta, appuyé de deux autres spécialistes, de me faire changer d'idée. Je ne pouvais m'empêcher de vouloir prouver que j'étais la plus forte, plus forte que la médecine, plus forte que leurs prévisions, plus forte que la mort...

À mon retour à la maison, je décrochai le combiné téléphonique et pris contact avec mon mari au travail. C'est en larmes que je lui appris que j'attendais un nouvel enfant. Je n'avais pas encore eu le temps d'oublier sa réaction lors de la première maternité. Versai-je des larmes d'inquiétude ou plutôt de dégoût face à son attitude possible? Je ne pourrais le dire. Vous imaginez très bien sa réaction, n'est-ce pas? Mais non! Vous êtes, tout comme je l'ai été, dans l'erreur la plus totale! Monsieur était heureux comme un roi! Je ne comprenais pas, ce n'était pas lui... Peut-être avait-il saisi seulement la partie où je lui disais que, selon les médecins, je n'avais pas beaucoup de chances de survivre?

La maternité fut, comme prévu, difficile, et ce, sur tous les aspects de ma vie: santé, couple, nouveau-né. Mon époux devint de plus en plus violent. Je devais protéger mon nourrisson, le bébé à naître et moi-même. Avais-je vraiment fait le bon choix?

Les médecins, inquiets, me convainquirent d'accepter de subir la ligature des trompes dès mon second accouchement, ce que j'acceptai à la seule condition qu'on me fasse l'opération réversible. J'étais persuadée qu'un jour la médecine serait assez avancée pour que je puisse avoir d'autres enfants sans risques. Ils me confirmèrent leur accord. Le jour «J» arrivé, le médecin décida de ne plus prendre de risques, il me fit la ligature des trompes irréversible! À mon réveil, l'infirmière m'annonça que je n'aurais plus jamais d'enfant.

À peine âgée de 22 ans, j'avais compris que mon corps ne m'appartiendrait jamais!

Payer par où on a péché...

Mon mari avait un faible (ou était-ce un faible?), il adorait la femme, que dis-je? *Les* femmes! C'était un romantique-né, il savait parler aux femmes. Il était doué pour me faire sentir belle, désirable. Laissez-moi partager avec vous le plus beau compliment qu'il me fit lors d'une de mes grossesses: «Je peux te dire une chose? Tu n'es vraiment pas bien appétissante dans cet état-là! Non mais, une baleine serait plus excitante!»

De la classe, ne trouvez-vous pas? Comment ne pas flancher pour un tel homme? Quels doux commentaires à faire à son épouse!

Il ne cachait pas ses multiples infidélités, s'en vantait même. Je compris que j'étais victime d'un complot entre les cieux et le désir de vengeance de ces femmes laissées par des hommes infidèles de qui j'avais été la maîtresse jadis! Elles possédaient probablement toutes des poupées vaudou à mon effigie... Tu paieras par où tu as péché !

Vers 18 heures ce jour-là, il me téléphona à la fin de sa journée de travail pour me demander si je souhaitais qu'il rapporte quelque chose à la maison. Il me confia que je lui manquais énormément, qu'il était impatient de rentrer pour me serrer dans ses bras. Surprise, je lui assurai qu'il n'avait rien à rapporter, je n'aurais pas dû... J'avais omis de lui spécifier : rien, sauf toi ! Il ne rentra pas, il disparut. J'alertai tous les hôpitaux, les policiers, nos amis communs. Je ne dormais plus, je pleurais sans arrêt.

Quatre jours s'étaient écoulés quand il se souvint soudainement de mon existence ! Il me téléphona en me demandant tout bonnement s'il pouvait venir chercher un de nos fils ; il était accompagné d'un jeune enfant qui m'était inconnu. Je commençai par lui faire part de ma très grande joie de le savoir en vie. Ensuite, je lui demandai qui était cet enfant, il me répondit que c'était le fils de la femme avec qui il était depuis quatre jours ! Je crus utile, à ce moment, de lui rappeler que j'étais sa femme et la mère de ses enfants. Sait-on jamais, peut-être avait-il été assommé par un voyou ou enlevé par des extraterrestres qui l'avaient laissé temporairement amnésique !

L'âme en peine, il revint à la maison... seul. Il avait eu la brillante idée de laisser tomber son projet de rencontre entre enfants. En m'apercevant, les yeux bouffis et rougis par les pleurs, il se mit lui-même à pleurer et à s'excuser. Il n'en fallut pas plus, vous l'aurez deviné... Je lui pardonnai.

Naturellement, étant un homme de cœur, vous comprendrez qu'il ne pouvait laisser cette pauvre jeune femme comme ça, sans aucune explication, elle aurait pu être profondément blessée. Alors, il retourna dormir chez elle une dernière fois!

En mai 1986, polytoxicomane irrécupérable, il réalisa soudainement qu'il n'était pas vraiment fait pour avoir femme et enfants. Peut-être aurait-il fallu qu'il se pose la question un peu plus tôt? Mais ni lui ni moi ne l'avions fait. Le plus vieux de mes fils était âgé à cette époque de seize mois, et le plus jeune d'à peine quatre mois était atteint d'une malformation cardiaque, qui me causait bien des inquiétudes. Leur père me quitta, paraît-il, pour un long, très long séjour en désintoxication.

J'étais devenue la victime profondément blessée par tous les fournisseurs de drogues de la planète qui ne réfléchissaient jamais à la portée de leurs actes sur la famille de leurs clients! Il était maintenant évident que «mon pauvre mari» était victime d'une société bercée par l'illusion d'un bien-être éphémère et que, malgré tout «son amour pour sa famille» et épuisé de se débattre, il finissait par succomber. Comment aurait-il pu faire autrement? Qu'à cela ne tienne, je lui prouverais que j'étais forte; c'était décidé, je l'attendrais!

La maladie

En juin 1986 (un mois après la séparation), je fus hospitalisée une première fois pour un mal inconnu à l'époque. Pendant près d'une année entière, à chaque épisode de cette maladie (qui se présentait une semaine sur deux!), les médecins cherchaient désespérément ce qui pouvait bien m'arriver. À la suite d'une biopsie, ils trouvèrent enfin! C'était le syndrome de Wells. Moi, j'aurais appelé ça le mal de l'être.

L'explication en est simple: il s'agit d'une substance sécrétée par mes propres glandes qui cause un empoisonnement majeur, et ce, de façon répétitive. En une phrase claire et concise, je suis profondément allergique à... moi-même! C'est horrible de dormir avec l'ennemi! Pensez-y, j'étais la victime de la haine de mon propre corps envers moi-même. Cette maladie prit le contrôle de ma vie pendant de longues années. Il fallait bien qu'il y ait un contrôle quelque part!

Mes fils furent longtemps persuadés qu'une maman venait avec un tube, une «poche de liquide» et un poteau! Ce n'était pas tellement *fashion*, mais ça faisait toujours fureur dans le temps des sucres!

N'ayant pas revu ni entendu parler de mon mari depuis son départ en décembre 1987, le divorce fut légalement prononcé.

Je me retrouvai donc chef de famille monoparentale avec deux jeunes bébés, sans père, sans le sou, sans soutien et terriblement souffrante. Je me souviens du conte de fées de ma jeunesse: ils se marièrent, eurent beaucoup d'enfants et vécurent heureux jusqu'à la fin des temps! C'est vrai que le temps passe vite de nos jours! J'étais sans aucun doute victime de l'imagination débordante d'une poignée de fées qui auraient dû retravailler la fin de leur conte!

À peine âgée de 23 ans, deux enfants, divorcée et malade, la vie m'apprenait deux leçons du même coup: le mariage n'était pas pour la vie et la vie ne tenait qu'à un fil!

Refaire confiance

Je retournai étudier, désirant avoir un jour quelque chose à offrir à mes enfants, persuadée qu'ils méritaient mieux. Pour payer mes études, il fallait aussi que je travaille. J'eus droit à un programme spécial du gouvernement qui me permettait d'avoir un emploi de secrétaire dans une entreprise de chimie industrielle en même temps que de parfaire mes études les soirs et les week-ends. Mon salaire était en partie subventionné par un projet gouvernemental luttant contre la pauvreté chez les chefs de famille monoparentale. Les gens de mon entourage s'amusaient à parier sur ma capacité à long terme à gérer le temps et l'énergie que je devais déployer pour arriver à faire face à toutes mes responsabilités : deux enfants, dont un malade, le boulot cinq jours par semaine, les études cinq soirs par semaine et les deux journées du week-end, etc. Plus je les entendais dire que c'était trop pour une seule personne, plus je prouvais que j'étais forte et en contrôle !

J'avais instauré une organisation exemplaire quant à la rotation des gardiennes d'enfants. Par le fait même, mes fils avaient la chance d'avoir plusieurs visiteuses à la maison : une gardienne se présentait les jours de semaine, une autre prenait la relève à 17 heures tous les soirs et une troisième se réservait les week-ends. Il est vrai que je ne voyais pas beaucoup mes enfants mais, selon moi, il ne faisait aucun doute que cela était pour leur bien futur !

Afin de me rendre à mes cours, je devais utiliser le transport en commun. Le même trajet, le même horaire tous les soirs, je voyais donc le même conducteur. Je m'assoyais sur la première banquette et nous discutions tout au long du trajet. Souvent, lorsque je montais, il m'offrait un café qu'il avait acheté au petit restaurant l'arrêt précédent. Une idylle est née entre nous, et comme vous connaissez maintenant mon flair à ce sujet... mon choix était assuré !

À quelques rares occasions, il était venu à la maison mais jamais je n'allais chez lui, mon temps étant assez restreint. Un dimanche après-midi, il m'appela pour me demander d'aller luncher avec lui, ce que je fis. Alors que nous mangions au restaurant tout près de la station du terminus, les yeux dans les yeux, une tornade blonde entra dans la pièce et se dirigea droit sur nous en hurlant des obscénités et des injures, que je passerai ici sous silence.

La colère de cette jeune femme fut ahurissante. J'eus peine à comprendre ce qu'elle hurla, mais ce fut assez clair pour que je saisisse qu'elle était sa femme. Elle criait non pas à mon sujet, mais plutôt au sujet d'une autre femme qui venait de l'appeler à la maison disant être la petite amie de mon amoureux. Imaginez le scénario ! Je suis là avec lui qui est mon ami de cœur. Sa femme, dont j'ignorais l'existence, était en rage au sujet d'une autre femme qui serait sa maîtresse. Déduction ? Nous étions trois femmes pour un seul homme... du moins trois connues !

Lorsqu'elle s'arrêta un moment pour respirer, elle me regarda droit dans les yeux et, reprenant son souffle, me demanda qui j'étais. Je le regardai. La sueur lui coula le long de la joue, à moins que ce ne fût des larmes en pensant aux frais d'avocat qu'il allait devoir débourser ! Il me faisait peine à voir.

Je respirai profondément tout en prenant une décision réfléchie, étant une douce jeune femme raisonnable qui avait appris depuis longtemps déjà qu'il fallait être très gentille. Avec mon plus beau sourire, je lui répondis : «Moi ? Je suis la petite amie de Mario, un des conducteurs, nous l'attendions justement ! Enchantée de faire enfin votre connaissance, j'ai beaucoup entendu parler de vous !»

Elle me donna un conseil que je qualifiai à cet instant de très sensé : ne jamais faire confiance à un homme. Il la reconduisit à sa voiture.

Je revois encore la scène aujourd'hui. Laissée seule à la table, ahurie par ce qui venait de se produire, je pris la peine de vérifier dans la corbeille à pain, sous les chaises et la table, s'il n'y avait pas de caméras dissimulées pour la populaire émission de l'époque, *Les insolences d'une caméra.* Je ne pouvais être en train de vivre une situation aussi ridicule! Quelques minutes plus tard, il réapparut et se rassit à son siège sans démontrer quelque remords que ce soit, tout en me souriant. Je n'en crus pas mes oreilles quand il me dit: «Merci... merci mille fois, tu m'as sauvé! Je ne sais pas comment te remercier, c'est certain que je t'en dois une!»

Le sauver était bien le dernier de mes soucis! C'était me sauver qui importait. Je sentis que l'instant était approprié pour le rassurer sur le moyen par excellence de me remercier: *ne plus jamais me rappeler!*

J'étais devenue la victime essoufflée du service de transports en commun de la ville où j'habitais. Et dire que j'avais payé chacun de mes droits de passage!

Sans même en avoir pris conscience, la première lettre du mot «victime» venait de tomber!

À peine âgée de 24 ans, j'avais conclu que, dans la vie, si c'est trop beau pour être vrai... c'est effective-ment *trop* beau!

Quand le corps crie...

Mesurant 1,68 m et pesant 43 kg, je ne prenais plus beaucoup de place! Je n'ingurgitais à peu près plus rien, à vrai dire. La cause d'un tel amaigrissement n'était pourtant pas la maladie, mais bel et bien le sevrage alimentaire. Avez-vous déjà réalisé que moins on prend de place, plus on est remarqué? C'est vrai qu'on sursaute toujours un peu lorsque, dans la maison des horreurs, le squelette nous saute au visage! C'est pourquoi j'évitais de le faire. Ma famille, les médecins, les gens en général commentaient constamment ma silhouette... ma quoi? Mon ossature! Je n'étais pas vraiment maigre, non, j'étais simplement discrète. Personne ne comprend jamais quoi que ce soit!

Afin d'en finir avec les commentaires désobligeants et les regards méprisants des gens qui affirmaient m'aimer, je pris une décision éclairée, encore une fois! Il suffisait de me remettre à manger. Ainsi, la question serait réglée une fois pour toutes. Ayant découvert une façon «extraordinaire» d'évacuer la nourriture presque aussi rapidement que je l'ingurgitais sans qu'on s'en aperçoive, je m'empiffrais de tout ce qui me tombait sur la main : crème glacée, croustilles, craquelins, fromage, boissons gazeuses, gâteaux... tout en même temps ! Quelle fine gastronomie ! Avez-vous déjà savouré un bol de croustilles couronnées d'une belle boule de crème glacée à la vanille, le tout saupoudré de fromage fraîchement râpé ? Je pique votre curiosité ? Je sens que vous voulez savoir ce que ça goûte ? À dire vrai, je n'en ai aucune idée car je ne prenais pas le temps de déguster, j'avalais, un point c'est tout !

Pendant mon orgie alimentaire, mon percolateur travaillait sans relâche. Quarante-huit tasses de café devaient absolument suivre le tout pour que rien ne reste collé sur les côtés ! Une vraie torture pour les intestins mais, croyez-moi, la nuit qui suivait se passait sur le siège des toilettes, c'était assuré ! Maintenant, personne ne pouvait m'accuser de mettre ma santé en danger en ne me nourrissant pas suffisamment.

Mon corps – le sale traître – se rebella. Je fus hospitalisée, après un certain temps à utiliser cette stratégie, pour une irritation majeure des intestins qui m'occasionnait une diarrhée continue m'affaiblissant effroyablement et des palpitations cardiaques fréquentes.

87

Je me trouvais même dans l'incapacité de m'occuper de mes enfants. J'eus beau dire à l'urgentologue que je n'avais aucune idée de ce qui pouvait provoquer de tels malaises physiques, il sembla, malgré tout, détecter rapidement mon manège. Il m'interdit toute consommation de café ou de produit caféiné et ordonna une surveillance accrue de mon alimentation. Les jours qui suivirent furent un véritable enfer : maux de tête insoutenables, tremblements incontrôlables... bref, une désintoxication sévère et douloureuse. Moi qui n'avais jamais consommé d'alcool, de cigarettes ou de drogue, j'étais terrifiée de sombrer dans la dépendance ! Je retournai chez moi à la suite de neuf jours d'hospitalisation, munie d'une diète élevée en protéines où la caféine devait être bannie. Épuisée, affaiblie, j'étais victime du jugement sévère d'un médecin qui ne devait assurément que boire de la tisane !

Atelier 3
S'aimer

L'autodestruction est un bien grand mot pour décrire un état d'âme que l'on retrouve très fréquemment. Il s'agit simplement de *la conséquence d'une perception totalement déformée de soi par soi-même!* Apprenez à vous aimer vous-même un peu plus tous les jours en modifiant votre propre perception.

Sur une feuille de papier que vous garderez précieusement, inscrivez chaque jour quelque chose de positif que vous aimez sur vous-même ou que vous souhaiteriez sentir en vous. Il est important d'utiliser le temps présent.

Voici une liste de certains points positifs qu'il serait souhaitable de voir apparaître dans les jours qui viennent:

– Je suis fier de mes réalisations.

– Je suis optimiste face à la vie.

– Je veux continuer à grandir et à m'épanouir, pour être encore plus fier de moi.

– Je ne me laisse pas intimider par la peur et je continue de foncer dans la vie.

– Je suis réaliste face aux objectifs que je me fixe.

– Je suis conscient des choses qui ont de l'importance dans ma vie.

– Je suis conscient de mes forces et de mes faiblesses.

– Je m'accepte et j'accepte les autres.

Il est évident que certains (ou peut-être tous) de ces points ne sont pas ressentis présentement mais à force de les relire chaque jour, ils deviendront rapidement *votre* réalité !

De l'aide!

Ayant déniché un bon emploi dans une importante firme de construction, je me bâtissais une réputation enviable. Je relevais tous les défis, je ne comptais jamais les heures, j'évitais les heures de lunch, je ne me permettais aucune perte de temps. Je prouvais à tous (et à moi-même) mon professionnalisme et ma disponibilité, je franchissais toutes les barrières avec brio!

Il m'arrivait souvent de me retrouver seule à travailler dans les locaux où nous avions établi temporairement le bureau de projet en cours. Un après-midi où j'étais effectivement seule, penchée sur un dossier prioritaire, et que j'avais à peine pris le temps de manger une bouchée, je me mis à trembler: les doigts d'abord, puis les mains pour s'étendre rapidement à tout le corps. Je n'avais aucune idée de ce qui m'arrivait: quelqu'un avait-il mis ma poupée vaudou dans l'essoreuse? Une chaleur intense envahit mon visage, un serrement étouffant me broya la poitrine, ma tête fut au bord de l'éclatement, les larmes se mirent à inonder le clavier de mon ordinateur. Pour la première fois de ma vie, j'étais paniquée. Les images se succédèrent à une vitesse folle dans ma tête. Saviez-vous que les souvenirs ne respectent pas les limites de vitesse ? C'est à ce moment précis que la catastrophe se produisit, le train supersonique de mes fantômes frappa le mur de l'oubli... La vision des attouchements sexuels de mon grand-père fut projetée dans toute sa splendeur sur un écran géant. Je souffrais terriblement. J'étais maintenant devenue victime d'un complot effrayant élaboré entre le souvenir et l'oubli !

À peine âgée de 25 ans, j'avais compris que, dans la vie, les souvenirs ne disparaissent jamais ! Ne faisant pas preuve de savoir-vivre, ils n'attendent aucune invitation, n'annoncent jamais leur arrivée. S'ils sont ignorés, ils forceront la porte au moment où on s'y attend le moins !

Assise immobile, secouée par le retour de tant de sentiments refoulés, je voulais que ça s'arrête. Je pris le combiné du téléphone et décidai, pour la première fois, de demander de l'aide (il n'est jamais trop tard pour bien faire !). Ce fut au Centre d'intervention et de prévention auprès des victimes d'agressions sexuelles que je fus accueillie. On m'y offrait une démarche individuelle d'un maximum de trois mois suivie d'un atelier de groupe. Le seul point négatif, j'avais affaire à un groupe de femmes !

Non, je n'avais pas oublié que la première personne à m'avoir vraiment trahie était une femme...
ma propre mère! Depuis l'épisode du chien (qui,
d'ailleurs, était une femelle), j'avais décidé que sous
aucune considération je ne devais faire confiance à
une femme! J'imaginais très aisément l'ennemie sous
son déguisement de sorcière me regardant de son œil
critique et portant un jugement sévère, à l'aide de sa
langue de vipère, sur tout ce que je dirais...

Après six mois (?) de travail en croissance personnelle, c'est en larmes (elle, pas moi!) que ma thé-
rapeute m'envoya chez le groupe de femmes. La
première rencontre était en tous points conforme à
l'image cauchemardesque que je m'étais imaginée:
une longue table autour de laquelle s'agitaient une
dizaine de participantes pendant que l'intervenante
expliquait le thème de la soirée d'un ton conciliant.
Par terre, tout près de la porte de sortie, fixant du
regard le plancher et prenant soin de ne laisser
échapper aucun son de sa bouche, était assise une
jeune femme. Elle restait là la soirée entière sans
broncher, jusqu'au moment où l'intervenante l'inter-
pella: «Est-ce qu'on pourra compter sur ta présence la
semaine prochaine, Manon?» «Oui... j'y serai», lui
répondis-je d'une voix à peine perceptible.

Et vlan! Même installée de façon à passer inaperçue, la victime avait été repérée par la sorcière. Ce
serait moi qui passerais, sans aucun doute, au bûcher
la semaine suivante.

Ce fut lors de ces rencontres hebdomadaires que je découvris ce qu'on appelle l'« amitié féminine ». J'y fis la connaissance d'une femme qui devint ma grande et seule amie pendant plus de huit ans. Il est vrai qu'elle n'avait à peu près rien d'une femme. Avec un corps imposant, elle ne projetait aucune féminité au premier abord. C'était une sportive qui adorait le baseball et le hockey. Elle portait les cheveux très courts et grisonnants, détestait tout ce qui pouvait de près ou de loin ressembler à une jupe ou à une robe, et ne portait jamais de maquillage. Lorsque je l'ai rencontrée la première fois à l'une de ces soirées, elle ne portait même pas de dents ! Elle venait quelques jours auparavant de se faire extraire toutes les dents et n'avait évidemment pas encore de prothèses dentaires, ce qui me la fit paraître encore plus vulnérable. J'en conclus qu'elle ne pouvait pas représenter un danger imminent pour moi.

Nous discutions des nuits entières échangeant sur nos malheurs, comparant l'horreur de nos vies, partageant les rêves et les buts que nous aurions pu atteindre si seulement... si seulement on avait eu *le choix* ! Elle pouvait comprendre, elle pouvait entendre, elle pouvait sentir. Jamais je ne l'abandonnerais !

*   *   *

Hommage à la femme que tu es

Une petite pièce... des chaises, des tables, des femmes inconnues, les pleurs, la souffrance, les peurs, un sourire, une main tendue, un silence entendu, et pourtant déjà tu étais là...

Tu étais là, fragile, sensible... faible. J'ai voulu te soutenir, j'ai voulu t'aimer, te montrer la rosée du matin, le chant des oiseaux, le nuage qui se laisse emporter par le vent, j'ai voulu te montrer, TOI.

Te faire prendre contact avec ces merveilleux talents que tu possèdes, avec cette faculté surprenante que tu as pour offrir tes émotions sur un plateau d'argent, offrir ton art, ton écriture, ton amour... t'offrir, TOI.

À mon grand étonnement, les vagues de ma souffrance me voyageaient une voix, une étoile habitait le centre de mon âme. Peu à peu, sans m'en apercevoir, une lumière se mit à miroiter au bout de mon regard et chaque fois où tout allait basculer, sur les murs de mon tunnel de non-retour, s'est reflétée une image, eh oui, tu étais là, TOI.

Devant mes yeux, tu as souri à la vie, devant mes yeux un bourgeon a éclos pour faire place à une minuscule fleur cherchant la chaleur des rayons de soleil. Aujourd'hui, une fleur d'une beauté éblouissante se tient là, devant moi, faisant tourbillonner au vent les pétales possédant les plus belles couleurs qu'il soit donné d'exister.

Je te vois vivre, je te vois croire, et je t'envie... J'envie ta force, ta foi, j'envie l'amour dont tu as su t'entourer, j'envie ton indépendance, oui, oui, j'ai bien dit «indépendance»!

L'indépendance de choisir tes amis, l'indépendance de choisir tes projets, l'indépendance de choisir une maison à ton image, délicate mais pourtant solide et tellement pleine de belles qualités, l'indépendance d'être TOI.

De l'enfant blessée que tu étais, j'ai vu rejaillir une femme resplendissante faisant d'une vie sans sourire un jeu où tous ceux qui t'aiment veulent participer.

De la femme forte que je croyais être une enfant fragile est née... une enfant qui, cette fois, se sent aimée et qui peut prendre une main en disant : «Merci d'être là!»

*   *   *

Atelier 4
La lettre

Il arrive souvent que lorsqu'une personne vit une blessure profonde, elle éprouve de la difficulté à la verbaliser.
Cet exercice s'adresse à tous ceux qui vivent une relation
d'amitié sincère.

Pour la réussite de cet atelier, il est primordial de suivre
les étapes une à la fois, sans lire l'exercice en entier
avant de débuter. Ne lisez que l'étape où vous êtes rendu,
l'étape 3 ne devant être lue qu'à la toute fin.

Pensez à l'ami qui est si précieux à votre cœur.

Étape 1

Écrivez-lui une lettre (que vous ne posterez pas) où vous
lui faites part de l'importance qu'il a dans votre vie, combien vous appréciez sa compagnie, combien vous sa-
vourez votre complicité, combien vous l'aimez.

Étape 2

Relisez-la pour être certain que vous n'avez rien oublié,
que vous sentez bien toute l'appréciation que vous avez
pour cette personne. N'hésitez pas, à ce stade-ci, à
ajouter tout ce que vous désirez vraiment lui dire.

Étape 3

Maintenant, installez-vous devant votre miroir et relisez votre lettre à haute voix. *Vous* êtes cet ami ! L'ami le plus précieux que vous puissiez avoir.

Ne l'oubliez jamais !

Famille demandée

En 1989, les médecins m'annoncèrent que mon corps ne répondait presque plus à la médication et qu'il n'en existait aucune autre. J'avais deux jeunes enfants, il me fallait prendre de nouveau des décisions et, cette fois, les erreurs ne seraient pas admises! Je décidai donc de prendre ma vie en main et de construire une nouvelle famille pour mes enfants. Tout d'abord et avant tout, je devais trouver un père qui prendrait la relève lorsque je ne serais plus de ce monde. Une famille, c'est tout ce dont un enfant a besoin pour évoluer sainement! C'était, du moins, mon analyse personnelle.

Pour ce faire, j'entrepris d'utiliser une méthode innovatrice! «Jeune femme de 25 ans, 1,68 m, 54 kg, cheveux auburn, mère de deux jeunes enfants en bas âge, désire rencontrer homme sérieux prêt à relever le défi familial.»

Je fis paraître pendant plusieurs mois cette petite annonce dans la rubrique d'une revue spécialisée.

Existait-il un homme assez aventureux pour comprendre et, surtout, accepter un tel projet ? Vous seriez
surpris de voir le nombre incroyable d'hommes prêts à
relever n'importe quel défi tant que celui-ci s'appa-
rente à un sport extrême ! Quelle activité peut être plus
extrême que celle d'élever des enfants ? Les appels au
sujet de cette annonce pleuvaient de toutes parts. Je
ne savais plus où donner de la tête. Je discutais lon-
guement au téléphone avec les différents prétendants
leur posant à chacun exactement la même série de
questions que j'avais eu tant de mal à préparer.

Plusieurs me donnaient des réponses intéres-
santes et même, dans certains cas, intelligentes. Pourtant, un de ceux-là se démarqua ; il était, comme par
hasard, de sept ans mon aîné et ex-toxicomane. Ce qui
attira mon attention (du moins, je le crus) fut son
implication auprès des associations sportives pour les
jeunes. Il me confia son désir intense d'avoir des
enfants et du refus qu'il dut essuyer de la part de sa
femme à ce sujet, ce qui les avait menés droit au
divorce. Il me parla de ses nombreux neveux (8 garçons, aucune fille), de ses frères et sœurs, de ses
parents qui vivaient tous en région éloignée. Il ressen-
tait beaucoup de solitude depuis qu'il avait obtenu un
bon emploi à Montréal. Il ne connaissait personne, ne
sortait pas dans les clubs et n'avait pas d'ami dans la
métropole. L'homme parfait ! Notre discussion téléphonique s'éternisa pendant six longues heures – ce
qui en fait représentait toute ma nuit – au terme de

laquelle il me dit : « Si je ne me retenais pas, je te dirais que je t'aime... »

Il avait touché *le* point faible... Il avait su dire *les* mots, ceux que j'avais besoin d'entendre à n'importe quel prix. Il sauta dans sa voiture au petit matin et vint nous chercher, les enfants et moi, pour déjeuner au restaurant. Une semaine plus tard, nous habitions ensemble !

Il n'en fallut pas plus... Vous l'aurez deviné, je l'ai épousé !

De quoi pouvais-je bien être victime, cette fois-ci ? D'un désir incessant de croire, d'espérer, de rêver...

C'est aussi à cette époque, forte de décisions sensées (!), que je décidai de couper les ponts avec ma famille. Mourir à la rigueur m'apparaissait acceptable, mais pas devant tout le monde ! Il était hors de question que je partage mes états d'âme avec les membres de ma famille sur le chemin de cette lutte sans fin. Moi qui avais passé la majorité de ma vie à tenter de passer inaperçue parmi les miens, voilà que je pouvais devenir le centre d'attraction, pis encore, le centre des paris ! « Combien tu gages, elle crève ou elle ne crève pas ? »

J'utilisai mon tour de magie préféré qui consistait simplement à disparaître (je connais cela), accompagnée cette fois de mon nouveau mari et de mes fils, coupant tous liens avec ma famille. Dix années à

pleurer sur mon triste sort, dix années à haïr ma solitude, dix années à me sentir abandonnée par les
miens... et pour cause ! J'avais pris soin de partir dans
une région presque inconnue d'eux et du reste de la
planète !

Le cordon ombilical définitivement coupé, une
remise en question intense s'amorçait en moi. Qui
était vraiment ma mère ? Qu'avait-elle vécu ? Comment m'avait-elle perçue ? Qu'avais-je attendu d'elle,
voire exigé d'elle ?

L'éloignement me permettait de me rapprocher
intérieurement de ma mère – je crois qu'on appelle
cela la thérapie par le principe géographique ! Étant
loin physiquement, les situations et les événements
sont remis en perspective, permettant ainsi de cesser
de juger et de commencer tranquillement à accepter
pour enfin comprendre. Ces quelques années me per-
mirent de grandir, de m'ouvrir à moi-même. Je découvris un livre intitulé *Adieu, apprenez à rompre sans
difficulté* de Howard M. Halpern (Le jour, éditeur) qui
m'aida à me libérer de certaines attentes envahis-
santes qui mobilisaient toutes mes énergies depuis
des années. Mon interprétation personnelle des prin-
cipes de cet ouvrage m'amena à écrire un texte que je
postai à ma mère. Ce geste me permit à cette époque
d'effacer une seconde lettre du mot « victime ». Le
voici.

Adieu

Aujourd'hui, je fais place à la vie, je fais place à MA
vie.

Je dis adieu à l'enfant qui aurait voulu être désirée.

Je dis adieu à la fierté que j'aurais aimé voir dans tes
yeux lorsque ton regard se posait sur mon visage.

Je dis adieu aux mots qui ne voulaient pourtant rien
dire.

Je dis adieu à ce besoin d'amour insatiable qui m'a
rongée jusqu'au fond de l'âme.

Je dis adieu à cette petite main tendue vers toi que tu
n'as jamais vue.

Je dis adieu à cette souffrance intérieure qui a fini par
m'engloutir.

Je dis adieu à ces conversations imaginaires où tu
devenais ma seule amie.

Je dis adieu à cette complicité mère-fille dont je faisais
l'éloge aux étrangers mais qui n'existait pas.

Je dis adieu à ce vide immense qui m'habite et ne me
quitte jamais.

Je dis adieu à cette perfection que j'ai tenté d'atteindre
pour enfin sentir ton amour.

Je dis adieu aux larmes que je n'ai pas versées au
creux de tes bras.

Je dis adieu au premier chagrin d'amour que je n'ai
pas partagé avec toi.

Je dis adieu à la première grossesse que je n'ai pas
vécue auprès de toi.

Je dis adieu à cette enfance brisée où je ne t'ai jamais demandé de m'aider, de me protéger.

Je dis adieu à NOUS, ce nous qui n'existe pas.
Je dis adieu à cette haine, la haine de t'avoir trop aimée.

Mais plus que tout, aujourd'hui je me pardonne.

Je me pardonne d'avoir exigé de toi l'impossible, d'avoir exigé que tu remplisses ce néant qui m'habitait pourtant déjà lors de ma naissance.

Aujourd'hui, je t'aime.

Je t'aime comme on aime un doux souvenir dont les détails s'estompent au fil des ans pour ne laisser place qu'à un trait principal.

Ce trait... il y a près de 30 ans, le 9 avril 1964, de ta chair, de ton corps, une enfant est née...

*   *   *

Atelier 5
Adieu

Une des plus grandes erreurs que nous faisons tous est de laisser nos attentes envahir nos pensées, contrôler nos espoirs. Apprenons à dire *adieu* à ces attentes du passé qui nous empêchent d'avancer...

Installez-vous confortablement dans un endroit calme où personne ne vous dérangera. Décrochez votre combiné téléphonique, éteignez votre téléviseur, apposez une affiche « absent pour une heure » sur votre porte. Prenez des feuilles de papier et un crayon.

Aujourd'hui, vous allez dire *adieu* une fois pour toutes. Pensez à une personne ou à une situation envers laquelle vous aviez d'importantes attentes dans votre vie : mère, père, frère, sœur, conjoint... Au haut de votre feuille, inscrivez le mot « ADIEU ». Chacune de vos phrases devra débuter par : « Je dis adieu à... » Par exemple : « Je dis adieu aux vacances que nous n'avons jamais passées ensemble et que j'avais pourtant tant souhaitées. »

Il est important de comprendre ici que vous devez dire adieu à *l'attente qui n'a pas été comblée*, le but étant d'éviter de transférer cette attente (donc votre passé) lors d'une nouvelle relation ou situation.

Qui meurt gagne

Nous avions conclu un marché honnête, pourtant. Il adoptait mes fils en échange de quoi j'essayais de mourir dans un délai raisonnable... Il devait fournir à mes fils une famille élargie comprenant un grand-père, une grand-mère, des tantes, des oncles et des cousins. Le 15 juillet 1991, nous nous épousions civilement. La réception, si je peux l'appeler ainsi, se voulut très discrète, seulement huit invités incluant mes fils. Elle eut lieu sur un bateau naviguant sur les rives du fleuve Saint-Laurent toute une journée durant. Tout était réfléchi, il serait toujours temps de se jeter à l'eau si l'un de nous regrettait amèrement sa décision !

Sous son air un peu niais, je dois avouer que mon nouvel époux était un fin renard. Peu après notre mariage, il avait quitté définitivement son emploi sans même m'en avoir glissé un mot. Ne voulant pas susciter en moi d'inquiétude (ou de colère) et de manière à éviter que je me rende compte de ce qui se tramait dans mon dos, il quittait la maison chaque matin et revenait tous les soirs suivant le même horaire de travail qu'auparavant! Je sais ce que vous pensez! Vous vous dites: «Voyons donc, et le salaire? Tu ne t'es pas rendu compte qu'il ne touchait plus son salaire?»

Eh non! Je ne m'en rendis pas compte avant un bon moment, puisqu'il avait pris la précaution de contracter un emprunt lui permettant de se verser un salaire équivalent juste avant de démissionner de son emploi! Où passait-il ses journées entières dans ce cas? Encore aujourd'hui, je n'en ai toujours pas la moindre idée! Normalement, une petite clochette aurait dû retentir en moi et, à son tintement, j'aurais pu me douter qu'il y avait quelque chose de pas tout à fait honnête dans cet homme. Mais voilà, la surdité volontaire me frappa! Je n'avais pas le temps de tout laisser tomber, je n'avais plus de temps pour tout recommencer...

En 1992, nous achetions une fermette à l'aide d'une somme d'argent que j'avais perçue d'une cause légale réglée hors cour à mon avantage. Une belle grande maison blanche située au bord de l'eau comme celle qui avait toujours habité mes rêves. Je voulais bien mourir mais le faire dans le confort, avec classe et dignité! Ce que je désirais plus que tout? Que mes fils soient élevés dans un endroit sain et qui pourrait leur rappeler ma personnalité, je ne voulais pas qu'ils m'oublient.

En 1993, comme prévu, il adoptait mes enfants. Quant à moi, je ne respectais pas notre engagement, je ne mourais pas malgré toute ma bonne volonté. J'étais très malade, je passais la plus grande partie de ma vie à l'hôpital, mais je ne mourais pas. Mon père biologique, cette année-là, a dû croire qu'il devait respecter l'entente à ma place. Est-ce que sa mort aurait dû compter pour la mienne ?

Cette année fut en effet remplie d'émotions. Mon fils aîné devint très malade à la suite d'une opération à l'appendice qui avait mal tourné. Puis, le cancer se permit de voler les quelques années qui auraient pu rester à mon père. D'ailleurs, le vol n'est-il pas puni par la loi ? Sans avoir eu le temps de profiter de son rôle de grand-père, sans avoir pris le temps de vivre sa retraite, sans avoir su quels étaient ses rêves, il décéda à 57 ans.

Âgée de 29 ans, j'avais compris que, dans la vie, rien ne doit être tenu pour acquis, surtout pas la famille !

* * *

Tes yeux

J'ai vu tes yeux... la peur et la colère qui s'y trouvaient ont fait baisser les miens.

J'aurais voulu te prendre dans mes bras et te dire que tout irait bien.

J'aurais aimé te dire que tu es en santé et que tu as toute la vie devant toi.

J'aurais souhaité qu'on se réveille de ce maudit cauchemar.

Tu es faible, habité par la crainte, envahi par le vide... la mort est là toute proche qui attend... attend un signe, attend une faiblesse... t'attend, toi.

J'ai vu tes yeux... j'ai eu mal, j'ai eu peur... peur de ne plus les revoir, peur de manquer ton regard.

(Mon père est mort dans la nuit du 24 au 25 mars 1993 à 2 h 35. J'étais là, près de lui jusqu'à la fin, mais il n'a jamais ouvert les yeux.)

* * *

Je crois que l'attente de ma mort finit par affecter mon tendre époux. Son comportement devenait de plus en plus difficile à supporter, ou peut-être était-ce ma patience qui s'effritait de plus en plus! Il devint tout d'abord instable, puis l'agressivité fit son apparition pour laisser place à la violence et aux idées suicidaires.

Cette nuit-là, je m'étais levée pour aller à la salle de bain; notre chambre était située au deuxième étage et les toilettes au rez-de-chaussée. Arrivée au haut de l'escalier, le pied me glissa et je déboulai les marches une à une jusqu'au bas. Incapable de me relever, je décidai de ne surtout pas déranger ni réveiller sa mauvaise humeur en appelant à l'aide. Donc, je me tus et restai par terre, au bas de l'escalier, jusqu'au matin. Lorsqu'on me trouva, j'avais quatre côtes cassées et j'étais couverte de contusions. De retour de l'hôpital, il m'aida à m'installer dans mon lit, ferma la fenêtre de la chambre, descendit mettre de la musique à un volume qui aurait pu en fendre l'âme et remonta fermer ma porte de chambre en disant ces quelques mots d'amour : «Si tu penses que je serai obligé de m'occuper de toi, tu te trompes sérieusement. Salut !»

Il referma la porte et sortit s'installer le plus loin possible sur le terrain qui avait une superficie de 66 000 pieds carrés. J'avais beau crier, hurler, personne ne m'entendait... Il me fallut me rendre à l'évidence et attendre le retour de l'école de mes fils pour obtenir de l'aide.

Une de ses activités préférées était le «je le fais ou je ne le fais pas». Petit jeu passionnant ! Immanquablement, régulièrement, il s'installait à la table de la cuisine, devant les garçons et moi, tenant dans ses mains un gros cordage jaune, et nous disait :

«Je pars dans le boisé aujourd'hui. Si je ne reviens pas, vous saurez ce qui m'est arrivé !»

Et il disparaissait ainsi des journées entières... Sûrement que la corde servait de repère car il finissait toujours par rentrer !

Après un certain temps (qui me parut une éternité), il fut déclaré maniacodépressif et commença un suivi psychiatrique jumelé à des traitements médi-caux. À ce moment, je me disais que je n'avais pas le droit de quitter une personne aussi vulnérable ayant un immense besoin d'aide. Je me considérais tout naturellement apte à l'aider à retrouver l'équilibre... Je vous vois sourire ! Moi, aussi déséquilibrée que je puisse vous paraître, je le sauverais ? Vous avez raison, je n'y parvins pas ! Mais que pouvais-je imaginer d'autre ? Je ne pouvais qu'être la victime impuissante d'une médecine moderne défaillante !

À peine âgée de 30 ans, j'avais compris que, dans la vie, on ne devait surtout pas se fier à la mort !

* * *

Assise au coin lecture

Assise au coin lecture... tu es là, mais je suis seule... pourtant si seule...

Une musique douce tente de m'apaiser.

Larmes refoulées, cris étouffés, désespoir.
Un sourire perdu, une larme retrouvée, la solitude me ronge et me consume comme ce bois qui crépite à l'instant même à mes côtés.
Loin de toi, loin de moi, si loin déjà... et pourquoi pas ?

Le feu de ma souffrance brûle en moi, la douleur pré-sente, si pressante, le feu de ma souffrance brûle en moi et pourtant, la flamme de ma vie s'éteint peu à peu, manque d'oxygène... manque de moi.

Assise au coin lecture... je ne lis pas, je sens.

Je te sens toi, je me sens moi... je sens notre vide, notre
peine, nos peurs.
Je sens la douleur...

Assise au coin lecture... nous sommes là.

Les paroles restent dans ma gorge, les larmes s'assè-
chent sur mon visage aride, nous sommes là... et
pourtant...

Assise au coin lecture... on ne se voit pas.

Perdus dans l'au-delà, naufragés des cœurs, mains
laissées, amour oublié... tracas passagers ou voie
déviée ?
Peut-être une passion enneigée...

Le froid glacial de janvier se reflète dans tes yeux,
comme les flocons recouvrant la terre les pro-
blèmes recouvrent ton âme, gelé, frigorifié, notre
amour a décidé d'hiberner.

Assise au coin lecture... je suis là... mais pourquoi ?

*   *   *

Notre relation devint rapidement infernale, et
nous fîmes preuve d'une grande maturité lorsque,
d'un commun accord, nous décidâmes de nous
quitter. N'ayant pas tenu ma part du marché, il me
laissa aller sans trop de remords. En octobre 1995, le

divorce fut prononcé et il déménagea dans la région de Québec.

Il me téléphona un jour pour m'informer qu'il ne désirait plus vivre, qu'il ne désirait plus affronter l'existence qu'il menait et ses difficultés. Il pleurait et, une fois de plus, j'eus pitié de lui. Angoissée, je téléphonai au centre pour la prévention des suicides et à l'hôpital de sa région pour tenter de lui obtenir de l'aide. On me répondit une chose extraordinaire : mon ex-mari devait leur demander de l'aide lui-même ! Wow ! Si vous saviez la libération ! Ce serait bien moins épuisant pour moi. Je l'appelai et lui fis part de cette formidable découverte. Jamais plus il ne me parla de suicide et il s'effaça tranquillement de nos vies, à moi et à mes enfants, s'en étant construite une bien à lui.

Et voilà qu'une troisième lettre du mot «victime» venait de s'effacer !

L'entêtement

Malgré tout, je décidai de garder la fermette et de tout faire fonctionner seule. Mes fils me donnaient un coup de main, à la mesure de leur jeune âge. Deux douzaines de poules, une douzaine de canards, une oie, des lapins, des cochons d'Inde, trois chiens... 66 000 pieds carrés de terrain, un petit poulailler artisanal, un potager, un garage, un atelier et une grande maison toute blanche, le tout au bord de la rivière. Un vrai petit paradis qui me demandait tout au plus une centaine d'heures de travail par semaine... Pas si mal pour une fille « finie » !

Désireuse d'arrondir les fins de mois et de combler mes temps libres (?), j'avais cru bon de démarrer une petite entreprise de traiteur que je faisais fonctionner surtout la nuit. Il est vrai que mes standards de fraîcheur étaient très élevés : lorsqu'on me commandait un buffet pour 10 ou 250 personnes, je travaillais seule toute la nuit à sa confection. Il arrivait parfois que ma copine me tende la main en récurant les chaudrons et les plats mais, pour le reste, j'étais une fille solide, je n'avais besoin de personne...

Entêtée, vous croyez? Un après-midi, le réfrigérateur de la maison décida de rendre l'âme. Comme la fraîcheur des aliments était pour moi si importante, il fallait agir vite. Ce qui voulait dire, dans mon cas, sans réfléchir! Pas de panique, un second réfrigérateur se trouvait entreposé dans le garage. J'entrepris donc d'aller le chercher et de le rentrer simplement dans la maison. Jusque-là, c'était facile, tout allait comme sur des roulettes! Je traînai l'appareil jusqu'à la maison sans difficulté, mais lorsqu'il fallut que je le soulève pour monter les quelques marches, le réfrigérateur bascula et ma vie avec lui... Voilà qu'après avoir livré une bataille acharnée à la nourriture une grande partie de ma vie, je devenais victime d'une agression sournoise! Elle se vengeait sauvagement en me sautant au visage, me mettant K.-O. dès la première ronde! Moi qui pensais n'avoir besoin de personne pour faire ce petit déménagement!

Quelle surprise de me retrouver à l'hôpital encore une fois! Y avait-il une leçon de vie importante à en retirer? Sous l'effet de puissants calmants, les médecins m'annoncèrent qu'ils ne sauraient pas avant quelques jours si j'allais marcher de nouveau.

À peine âgée de 32 ans, j'avais compris que, dans la vie, il valait peut-être mieux demander de l'aide avant qu'après!

Il était impensable de laisser mes enfants seuls à la maison; de plus, les animaux avaient eux aussi besoin de soins. Ma grande amie m'offrit de s'installer chez moi avec ses trois enfants pour la durée de mon hospitalisation. Elle abandonna ainsi sa vie pour vivre la mienne par procuration.

Elle s'occupa de tout pendant plusieurs semaines. Pour la première fois depuis longtemps, j'avais l'impression que je pouvais respirer : des gens dévoués prenaient soin de moi et mes enfants étaient en sécurité. J'avais l'impression de pouvoir enfin me reposer, me permettre de baisser les bras... juste un peu. Je n'avais pas envie de retourner à la maison et je crois que c'est pour cette raison que ma guérison fut si longue et pénible. Lorsque je rentrai chez moi, elle resta pour s'occuper de moi aussi. J'étais présente, c'est vrai, mais d'aucune utilité : je me déplaçais à l'aide d'une marchette. Avez-vous déjà remarqué comme c'est bizarre... Lorsqu'une personne ne marche plus, les gens s'adressent souvent à elle comme si elle vivait un handicap intellectuel profond ! Probablement que c'est de là que vient l'expression «penser comme un pied» !

Fort heureusement, une personne fiable me démontrait que j'étais importante pour elle. Ce fut à ce moment-là que je compris enfin l'importance d'être bien entourée dans la vie. Après 10 années de dur labeur à appliquer la thérapie par le principe géographique, je jetais l'éponge et reprenais contact avec les membres de ma famille espérant me faire une petite place parmi eux. Avais-je changé ou était-ce eux ? Je me sentie immédiatement la bienvenue dans leur vie.

L'amour ou l'amitié?

Mon amie avait fait la connaissance, peu de temps avant mon accident, d'un homme avec qui elle avait tenté une relation amoureuse. Ne se découvrant aucun point commun (et pour cause!), ils avaient opté, fort heureusement, pour une relation purement platonique. Cet homme, de 12 ans mon aîné, ex-alcoolique et bénéficiaire de l'aide sociale, venait me rendre visite presque quotidiennement lors de mon séjour à l'hôpital, soi-disant désireux de me remonter le moral (ou le sien?).

Le jour de ma sortie, il se présenta afin de m'avouer son amour. Vous l'aurez deviné, il n'en fallait pas plus... Mais non, je ne l'épousai pas!

Il emménagea chez moi. Voilà qu'un nouvel amour était né... et qu'une longue amitié venait d'être victime d'un meurtre crapuleux!

Cette relation s'étendit sur une période d'environ une année et demie, ce qui me parut très long.

Profondément malade dans l'âme, il souffrait (ou faisait souffrir les autres) d'une énorme dépendance aux médicaments. Il en volait, prenait tout ce qu'il pouvait, était insupportable. D'une grande violence verbale, il était fin manipulateur et aurait aisément été capable d'écrire un livre en trois tomes sur l'art de contrôler tout être qui respire. Il dormait toute la journée et exigeait un silence total et aucun mouvement. S'il nous avait été possible de ne pas respirer, il aurait fortement apprécié ! Il n'avait qu'un rêve, partir en roulotte aux États-Unis pour transmettre la bonne nouvelle... Un homme bon, quoi ! Je crois que la bonne nouvelle aurait effectivement été qu'il parte.

La vie m'apparaissait comme un puits sans fond. Je dus vendre ma fermette, car il avait demandé que ma copine et ses enfants ne cohabitent plus avec nous. Aussi, il n'acceptait aucunement de m'aider disant que cet endroit constituait mon rêve et non le sien. Mon état ne me permettant aucun effort physique, il fallut donc me rendre à l'évidence et abandonner mon petit paradis. Je n'étais pas capable d'avouer m'être trompée encore une fois ! Je ne pouvais pas recommencer encore à zéro ! Que la vie était injuste parfois !

Avec détermination, je louai un petit quatre pièces et m'y installai avec lui et mes enfants. Le manque d'espace et d'équipement m'amena à la conclusion que les buffets non plus n'avaient plus leur place ; je me retrouvai donc moi aussi « heureuse bénéficiaire» de l'aide sociale. C'est ainsi que je fus accueillie dans ce club très sélect! Toujours plus bas, un peu plus bas... je peux aller encore plus bas!

Non! C'en était assez! Mon corps souffrait terriblement et mon âme était dans un bien piètre état. «Un esprit sain dans un corps sain» dit l'adage, alors je partis relever le défi d'apprendre à bien m'alimenter. Je ne savais que trop bien ce qui n'allait pas avec mon assiette. Cela ne me suffisait plus, je voulais changer ma cassette!

Je lisais encore et toujours tout ce qui me tombait sous la main. J'assistais à des conférences, à des séminaires. Emportée par le désir d'apprendre, désormais je voulais comprendre!

Il ne me fallut que très peu de temps par la suite pour laisser mon orgueil de côté et lui demander de bien vouloir quitter l'appartement. Ai-je besoin de vous dire que l'expression «d'un commun accord» ne s'appliquait pas réellement ici? Il me téléphonait régulièrement, «s'inquiétait» de ma santé, m'offrait son «aide». Un de ces soirs, j'eus droit à un de ces nombreux appels téléphoniques. Dans un état d'ébriété très avancé, il venait d'égarer la particule «ex» qui se tenait bravement à côté du mot «alcoolique» depuis plusieurs années. Il était chez lui et avait en sa possession une arme à feu. Il me fit part de son intention d'en finir avec la vie. Cette fois-ci, j'avais compris. Je lui répondis calmement que s'il pensait vraiment que c'était ce qu'il désirait au plus profond de lui, c'était son choix mais qu'il pouvait aussi choisir d'appeler les services de santé. La quatrième lettre du mot «victime» s'évanouit !

J'avais conclu de mon expérience que la vie de couple ne me convenait pas et qu'il serait sûrement préférable de rester seule jusqu'à la fin des temps avec mes enfants !

*   *   *

Pour ne pas te blesser

Comme un petit animal apeuré

Je me suis laissée apprivoiser
Par toi qui m'apparus si blessé

C'est en silence que je t'ai regardé

Que je t'ai désiré, que je t'ai tant aimé
Pour ne pas te blesser

Ensuite, j'ai refusé de me laisser aller à embrasser
cette idée

Pour ne jamais risquer de te blesser

Plus tard, j'ai ouvert les portes et les fenêtres de ma
maison pour que tu puisses t'y glisser

Je t'ai donné ma famille, je t'ai offert mon âme
Évitant ainsi de te blesser

J'ai entendu ta colère, ta déception, ta peine et ta souf-
    france

Sans un mot, j'ai écouté
J'ai ensuite désiré changer, désiré m'améliorer
Pour ne pas te blesser

J'ai étouffé la passion qui m'anime, moi qui suis pour-
    tant un être passionné

J'ai retenu mon geste, ma caresse, ma tendresse
J'ai espéré chacun de tes «je t'aime»
Chacun de tes baisers
J'ai tant rêvé t'entendre dire «je suis heureux avec toi»
Sans plus jamais le demander
Pour ne pas te blesser

Après tant d'années à apprendre à dire

J'ai enfin appris à me taire
Pour ne pas te blesser

Certaines nuits où je t'ai senti agité

J'ai arrêté de respirer
De peur que mon souffle
Ne puisse te blesser

Mais que Dieu m'en garde, s'il existe une possibilité

Que Dieu m'aide si c'est sa volonté
Faudra-t-il que j'apprenne un jour à te quitter
Pour ne plus jamais te blesser...

Le coup de fouet!

Septembre arriva et la rentrée scolaire avec lui. Vous connaissez l'«instruction gratuite»? Difficile à vivre lorsque vous n'avez pas le moindre sou, n'est-ce pas?

Je reçus donc, comme tous les autres parents, la liste des frais scolaires à débourser et des fournitures à se procurer. La «gratuité scolaire» pour mes deux fils s'élevait cette année-là à un peu plus de 400 $! Étant incapable d'assumer ces coûts en un seul versement, je pris sur moi, pour la première fois de ma vie, de téléphoner à l'école de mon plus jeune qui était classé dans un classe de surdoués afin de prendre des arrangements financiers. Saviez-vous que les coûts sont calculés en fonction du quotient intellectuel? Eh oui, plus votre enfant est brillant, plus les frais sont élevés! J'ai honte d'avouer que, pour un instant, j'aurais souhaité qu'ils aient tous deux un profond retard intellectuel!

Lorsque je m'adressai à une dame, employée à cette polyvalente, pour savoir s'il existait une possibilité d'acquitter les frais scolaires en deux versements, habitée d'une empathie qui lui était de toute évidence naturelle, elle me dit d'un ton brusque qu'elle était habituée aux gens comme moi qui profitaient du système en s'imaginant obtenir tout gratuitement.

Une discussion animée s'ensuivit! Je lui rappelai que je ne demandais pas la gratuité, mais un simple délai. Elle sentit opportun de m'informer que si je ne voulais pas que mon fils soit étiquetté par ses camarades de classe comme faisant partie de la classe défavorisée, je devais payer les frais dans leur totalité tout de suite, sinon ses livres ne lui seraient pas remis à la rentrée et il serait le seul de sa classe dans cette situation, ce qui le rendrait évidemment facilement repérable pour ses petits compagnons. Écrasée, démolie, en larmes, je téléphonai à ma mère pour lui raconter ce qui venait de se passer – probablement que je souhaitais inconsciemment qu'elle m'offrît de me prêter de l'argent!

Oh! Surprise! Ma mère me répondit d'arrêter de pleurer et de faire une femme de moi. Voilà que je sentais le retour du monstre! Que voulait-elle insinuer par là? Osait-elle affirmer que mes décisions passées n'étaient pas celles d'une femme responsable? Osait-elle me dire ce que je ne voulais absolument pas entendre? Osait-elle enfin me dire la vérité?

Cette employée inconnue et ma mère ne sauront jamais le coup de fouet qu'elles venaient de me donner! Je suis convaincue que c'est à ce moment que je décidai de rebâtir ma vie et celle de mes enfants. M'étant sentie trahie, donc victime, dès mon très jeune âge dans mes relations avec les personnes qui m'étaient les plus chères, j'avais subi au cours de ma vie les choix que mon être inconscient m'imposait jusqu'à ce jour où, enfin, *j'avais décidé d'être consciente de mes choix*. Qu'ils soient bons ou mauvais, l'important était d'apprendre à les assumer en reprenant ainsi contrôle de ma vie !

Voilà que la cinquième lettre du mot «victime» s'effaçait à tout jamais !

Retenant mes pleurs et ma colère, je pris sur moi de faire un nouvel essai, je ne me laisserais pas abattre aussi facilement. J'utilisai cette énergie négative pour en faire un geste positif, refusant de rester cantonnée dans mon rôle de victime. Je repris le combiné téléphonique et communiquai avec l'école de mon plus vieux. Un tout autre scénario me fut présenté. Une femme extraordinaire m'accueillit dans ma difficulté, et ce, sans jugement.

La directrice de l'époque m'offrit une aide inespérée : la possibilité de faire du bénévolat à son école pour le montant des frais scolaires que je devais débourser. Elle me permettait du même coup de couvrir les coûts engendrés par la scolarité de mon aîné et de me redonner une expérience en milieu de travail. Ce que je m'empressai d'accepter. Jamais je n'oublierai ce premier matin où je me présentai à l'école.

Elle était là et, m'apercevant du coin de l'œil, s'approcha, m'embrassa sur les deux joues et me dit : « Bienvenue parmi nous, madame Fortin ! »

Cette toute petite phrase changea ma vie tout entière. Tous les matins, dès 8 heures, je me présentais à l'école et la quittais vers 16 heures afin d'être de retour à la maison au même moment que mes fils. Après quelques jours, la directrice me rencontra pour m'annoncer que ma dette était remboursée dans sa totalité et même plus. Je lui demandai si elle m'autorisait à continuer même si elle ne pouvait pas me payer. Je lui affirmai que l'expérience qu'elle me permettait de vivre n'avait pas de prix. Elle accepta sans hésitation. Une amitié était née.

Je me mis plus sérieusement à la lecture, dévorant livre après livre. Tout y passa, Joseph Murphy, Lise Bourbeau, John Bradshaw, Guy Corneau, Scott Peck, Phil McGraw... Je reprogrammerais ma vie, je changerais la cassette ! Au fil des mois, je participai à différents projets scolaires et la direction me donna la chance d'assister à certains séminaires payés par la commission scolaire.

Pour me permettre de faire un peu d'argent, elle m'offrit le poste de surveillance des élèves à l'heure des repas, puis s'ajouta celui de surveillante du transport scolaire pour les étudiants du secondaire vivant des difficultés comportementales ; le soutien pour étudiants en pédopsychatrie et ayant un handicap physique vint s'ajouter rapidement. Mon salaire était devenu appréciable, les avantages sociaux tout autant. J'assumai d'autres tâches en devenant éducatrice pour le nouveau service de garde en milieu scolaire et responsable du journal scolaire pour trois écoles... En quelques mois, j'étais un atout important pour l'équipe ; mes collègues m'appréciaient, les étudiants avaient confiance en moi. Mes journées de travail s'étalaient sur une période 12 à 14 heures, j'avais à peine le temps de dîner. J'acceptais tous les projets qui m'étaient présentés, ainsi que d'aider les professeurs en tout temps. J'étais devenue quelqu'un, j'étais devenue *indispensable* !

Pourquoi faire simple quand on peut faire compliqué?

Ma vie s'adoucissait peu à peu. Je n'entretenais aucune relation amoureuse, aucune amitié masculine depuis plus d'un an. Mon emploi du temps était totalement réservé au travail et à mes deux fils (dans cet ordre!); de plus, je pouvais subvenir à leurs besoins avec grande fierté. J'avais presque acquis une certaine tranquillité d'esprit lorsqu'une idée brillante me traversa la tête! Pourquoi ne pas offrir à mes garçons la «chance» de connaître leur père biologique? Pendant toutes ces années, je leur avais dépeint leur père comme un homme admirable qui les aimait suffisamment pour s'effacer, leur donnant ainsi la chance de connaître une vie meilleure!

Étant absolument convaincue qu'ils ne le reverraient jamais, je me disais que la chose la plus important était de leur permettre un certain équilibre émotif tout en leur offrant une image positive de l'autre moitié d'eux-mêmes, la mienne ne convenant pas tout à fait à la définition d'«équilibre»...

Après en avoir discuté avec eux, la recherche débuta et, à ma grande surprise, ne fut pas si longue. Pas suffisamment pour me donner le temps de reprendre mes esprits ! À peine quelques mois et je recevais un appel provenant de la grand-mère paternelle de mes enfants. Treize ans s'étaient écoulés sans entendre parler d'aucun membre de cette famille, jamais un appel, jamais un mot. Elle nous demanda un rendez-vous où elle se rendrait accompagnée de son fils (mon *ex*) pour une réunion familiale espérée.

Le jour «J» arrivé, nous étions tous les trois d'une nervosité insoutenable. Chaque portière qui claquait, chaque moteur qui ronronnait nous occasionnait un sérieux pincement au cœur.

Enfin, on frappa à la porte. La grand-mère se tenait devant lui, mes fils se tenaient derrière moi. Une accolade polie entre les deux femmes... nos regards se croisèrent... toujours aussi beau, un peu vieilli, un peu amaigri par contre, une vieille paire de jeans trouée, une chemise à carreaux délavée, une barbe entretenue et une longue queue de cheval qui lui tombait jusqu'au milieu des omoplates (moi qui déteste un homme aux cheveux longs !), il entrevit ses fils. Le moment qui suivit fut de loin le plus attendrissant qui m'ait été donné de voir : les garçons et leur père dans les bras l'un de l'autre... de toute beauté ! Il n'en fallut pas plus pour effacer de ma mémoire des années d'horreur!

Vous l'aurez deviné... je repris vie commune avec lui!

Et voilà mon retour tout droit en enfer! Un autre choix judicieux... La drogue prenait de nouveau la première place dans sa vie, mais avait-elle déjà cessé de l'être? Il disparaissait fréquemment, toujours suivi de retours fracassants. Je crus que si, cette fois, je savais l'aimer assez fort il s'en sortirait. J'avais simplement oublié de m'informer s'il désirait *vraiment* s'en sortir! Lorsqu'il accepta de se rendre aux Cocaïnomanes Anonymes, je m'engageai à l'accompagner en tout temps pour le soutenir. Je me souviens même d'une soirée en particulier où, manquant de participants, les organisateurs me demandèrent de lire une certaine prière devant le groupe. Dans ce texte, j'affirmais que je souffrais d'une dépendance aux drogues. Je crois que, inconsciemment, je réalisai que je souffrais effectivement d'une dépendance très profonde à une certaine drogue. Elle ne portait pas le nom de pot, de crack, de cocaïne ou d'héroïne. Non, ma drogue à moi portait le nom de Robert! Comme toute drogue, elle me détruisait, m'éloignait de mon bien-être et de celui de ma famille, me ruinait, hypothéquait ce qui me restait de santé. Je ne pouvais m'en passer, je ne pouvais m'empêcher de rechuter! La réalité me sauta en plein visage... j'étais victime de la dépendance affective!

La directrice, par amitié pour moi (elle m'avait informée qu'elle ne lui faisait pas du tout confiance), lui offrit un petit travail pendant la période estivale. Pendant que je faisais le tri des livres, il devait repeindre certains murs. Un matin, très tôt, nous nous rendîmes à l'école sachant que nous avions un temps défini pour tout faire. Dans les instants qui suivirent notre arrivée, il m'offrit, le regard amoureux, d'aller nous chercher un café au resto situé à environ cinq minutes à pied, j'acquiesçai. Il sauta dans ma voiture en prenant la peine de m'expliquer que le café serait froid s'il s'y rendait en marchant. Quelle belle naïveté ! J'attendis... il s'était sûrement perdu en chemin ! Vers 16 heures, toujours dans l'attente de ma tasse de café, je décidai d'appeler pour qu'on vienne me chercher. J'étais à une centaine de kilomètres d'où j'habitais, la promenade à pied me paraissait un peu trop longue !

Ce soir-là, je n'eus aucune nouvelle de lui. Au petit matin, le cœur brisé, je téléphonai au poste de police pour déclarer ma voiture volée ! Un policier vint chez moi pour prendre ma déposition. Lorsqu'il me demanda si j'avais une idée de qui pouvait être le coupable, je fis sans hésiter une déclaration précise de mon conjoint. J'avais même pris la peine de décrire la tache de naissance qu'il portait sur le prépuce ! Chose certaine, il n'y aurait pas d'erreur sur la personne...

Le policier prit la précaution de m'informer qu'il était important de ne pas retirer ma plainte même si mon conjoint aurait la brillante idée de se présenter à ma porte et, surtout, de téléphoner immédiatement au poste pour qu'ils puissent venir le cueillir. Il me dit doucement que je méritais beaucoup mieux que ça dans la vie. C'est amusant, mes professeurs m'avaient tenu exactement le même discours au sujet de mon premier fiancé! Comme l'histoire se répète.

Évidemment, il réapparut le surlendemain (lorsqu'il n'eut plus un sou) en pleurant et en s'excusant du mal qu'il nous avait fait et en promettant que, cette fois, il irait en cure de désintoxication.

Il n'en fallut pas plus, vous l'aurez deviné, pour que je retire ma plainte!

Je subvenais à ses besoins et à ceux de nos fils. Je travaillais fort, trop fort; mon horaire était chargé, peut-être même surchargé! La violence verbale et physique faisait partie non plus seulement de mon quotidien, mais aussi de celui de mes fils. Ils le détestaient et lui ne comprenait pas: il exigeait le respect!

* * *

J'écris dans la souffrance

J'écris dans la souffrance,
J'écris dans le désarroi,
Et s'il y avait si longtemps que je n'avais pris la plume,
Et s'il y avait si longtemps que n'avait coulé l'écume,
Était-ce la joie?
Était-ce TOI...

J'écris dans la souffrance,
J'écris dans le désarroi,
Plusieurs mois sans qu'un seul mot effleure mes
    doigts,
Plusieurs pensées sans souiller un seul papier,
Était-ce la foi ?
Était-ce MOI...

J'écris dans la souffrance,
J'écris dans le désarroi,
Et si cette nuit appelle si fort ma plume,
Et si cette nuit coule à flot l'écume,
Ce n'est ni la joie, ni la foi, ni même toi.

Mais à nouveau l'éveil du mal en moi,
Le mal du regard détourné,
Le mal de la caresse non donnée,
De la larme non effleurée,
Le mal de Toi... le mal de MOI.

J'écris dans la souffrance,
J'écris dans le désarroi,
Et cette nuit,
Je t'écris, TOI.

Parler pour guérir

Désireuse de comprendre comment la vie m'avait ramenée là, j'observais. Je m'observais *moi*, je l'observais lui, j'observais mes enfants, j'observais les jeunes avec qui je travaillais à l'école. Je m'interrogeais sur la vie, sur ce qui les avait amenés là, sur leurs choix, sur ce qui m'avait amenée là, sur *mes* choix. Je me transformais peu à peu, oui je changeais... au compte-gouttes, c'est vrai, mais je changeais. Bientôt, j'ouvrirais le robinet pour laisser couler à flot une rivière d'émotions, de transformations et de bien-être. Je voulais faire la différence pour ces jeunes, je voulais qu'ils aient la chance d'avoir une vie meilleure, je voulais les aider, *vraiment* les aider. Pour y parvenir, il fallait reculer, aller plus haut, désamorcer la bombe, s'attaquer à... l'adulte !

Étant maintenant membre en règle du club des « ex » (ex-anorexique, ex-boulimique, ex-compulsive), je m'étais hissée hors du gouffre de l'enfer en tentant peu à peu de prendre ma place, pas toute la place mais *la mienne*. Moi qui avais souhaité disparaître toute ma vie, je revendiquais aujourd'hui mon petit coin de paradis !

C'est alors qu'on m'approcha pour offrir des conférences à ceux qui vivaient le même cauchemar que le mien. Moi ? Parler devant des salles combles de gens en quête de mieux-être ? Je trouvais à peine les mots pour m'exprimer devant deux êtres humains en même temps, à condition qu'un des deux soit couvert de poils et marche à quatre pattes ! Comment pourrais-je y arriver ? Surmontant ma peur, je décidai de tenter l'expérience une seule fois pour autant qu'il n'y ait pas plus de 25 à 30 personnes présentes ce soir-là. Peur ne fut pas le mot lorsque je pénétrai dans une salle où se trouvaient 125 personnes entassées les unes sur les autres ! Terreur aurait été plus juste ! Ne pouvant plus reculer, j'offris ce que j'avais de mieux, c'est-à-dire *moi*. Au terme de cette soirée, je réalisai que je venais d'être piquée par une aiguille de tourne-disque... je n'ai jamais cessé de parler depuis ! J'avais trouvé ma voie : partager avec les gens la possibilité de changer leur cassette de programmation émotive.

Enfin, je faisais un choix éclairé et intelligent, la plus belle décision de ma vie. Je décidai de consacrer mon temps et mon énergie à enseigner au plus grand nombre possible à faire des choix ! Tout était une question de perception.

Remplir le vide soi-même ou s'acharner à le faire remplir par d'autres. Se prodiguer respect et amour ou se remettre entre les mains – et les choix – d'autrui. Tant qu'à se mentir à soi-même et s'inventer un cauchemar destructeur, pourquoi ne pas s'inventer un rêve constructif! Choisissons ce qui nous fait du bien!

Voici un exemple: une femme, début de la quarantaine, mère de trois enfants, mariée depuis 20 ans. Un bon matin, son mari lui annonce qu'il la quitte pour «incompatibilité de caractère». Pleurant sur son triste sort, une foule de questions surgissent dans son esprit. Des questions sans réponses, puisque monsieur ne les a pas données avant de partir. Malgré tout, elle tentera d'y répondre elle-même:

- Peut-être est-il amoureux d'une femme plus jeune?

- Peut-être est-ce parce que j'ai engraissé de 5 kilos?

- Peut-être est-ce parce que mes seins sont devenus tombants en vieillissant? J'aurais dû me les faire remonter!

Pourquoi s'inventer des réponses aussi cruelles? Si elle pensait plutôt: «Tout simplement parce qu'il a réalisé qu'il n'était pas à la hauteur et que je méritais beaucoup mieux que lui dans la vie!»

Ça, c'est une bonne réponse! Et en plus, ça fait tellement de bien!

J'étais devenue conférencière...

Je quittai le domaine scolaire pour offrir des conférences au Québec où adultes (femmes et hommes),
adolescents et enfants viendraient m'entendre. Plus je
les aidais, plus je m'aidais...

Refermer le livre

Entre-temps, en juin 2000, mon mari finit par être accepté dans un programme de désintoxication, justement pendant un été particulièrement difficile. En l'espace de sept jours, nous décidâmes de nous séparer, ma vieille voiture me lâcha, mon jeune frère eut un grave accident et mon fils aîné évita de justesse la paralysie à la suite d'une chute en trampoline à l'école secondaire qu'il fréquentait. Les mois suivants furent difficiles pour mon fils... et pour moi! Il avait subi une fracture à la colonne vertébrale, ne marchait plus et était immobilisé dans un appareil qui le soutenait de la pomme d'Adam au pubis. Douleur, tristesse, colère, révolte, acceptation, dépression... il passa (et me fit passer) par toutes les émotions.

Passion oblige, je me procurai une nouvelle voiture et continuai à offrir plusieurs conférences par semaine dans différentes villes. Une infirmière venait à la maison le jour et une autre le soir pour s'occuper de mon fils. Chaque soir, je revenais à la maison pour m'occuper de lui. J'étais épuisée. C'était en juillet.

Il fallait que ce soit justement à ce moment-là que mon mari sorte de sa cure de désintoxication. Il m'appela. Il était tellement fragile. Comment pouvait-on ne pas aider un être sans défense ? Il était désolé de ce qui avait pu arriver, de ne pas avoir été présent pour m'aider, d'être désolé...

Il n'en fallut pas plus... Vous l'aurez deviné, je le repris à la maison, mais cette fois par pitié et pour qu'il puisse réorganiser sa vie.

Puisque j'exerçais de fortes pressions sur lui, il se trouva un travail et tenta de me démontrer qu'il avait perdu sa passion pour la poudre blanche. Quel travailleur assidu il était ! Il rentrait de plus en plus tard, parfois même aux petites heures du matin. Peut-être avait-il développé le sens du perfectionnisme ? Quoi qu'il en soit, je me détachais peu à peu de lui et je me rapprochais de plus en plus de moi.

Le 8 décembre, de retour d'un congrès où je participais, je passai le prendre au boulot, désireuse de faire un geste gentil à son égard. Il n'y était pas. Le lendemain, son employeur me téléphona pour savoir s'il était présent, tandis que les policiers m'annoncèrent qu'il était accusé de vol. Nous ne le revîmes plus, même s'il communiqua avec moi une fois par téléphone et une autre par courrier. Je pris sa lettre et la fit brûler sans haine, sans colère, sans amertume, sans tristesse.

La sixième lettre du mot «victime» venait de disparaître définitivement!

À peine âgée de 36 ans, j'avais compris que la vie m'avait offert la chance inouïe de tomber amoureuse deux fois du même homme. La première pour écrire l'histoire, la seconde pour y inscrire le mot «fin».

La passion

Les conférences, c'était bien mais je ne rejoignais que les gens qui se sentaient interpellés par le défi alimentaire, ce n'était pas suffisant. Comment pouvais-je rejoindre encore plus de gens? Comment pouvais-je offrir plus, aider mieux?

On me proposa une chronique de 15 minutes dans une émission en direct de trois heures, diffusée par le canal Vox. J'acceptai de tenter cette toute nouvelle expérience avec nervosité. Jusqu'à présent, les gens venaient à moi, désormais j'irais dans leur salon. Je décidai de consacrer cette chronique à l'attitude qu'on adopte face aux événements et aux situations dans la vie et des conséquences sur la santé émotive, sociale, amoureuse, relationnelle, professionnelle, familiale; je la nommai « Attitude santé ». Peu de temps après, on m'offrit de devenir coanimatrice de l'émission, j'acceptai aussitôt.

L'intérêt des gens pour ma chronique suggéra aux dirigeants de la station une émission hebdomadaire de

30 minutes. Flattée et heureuse de pouvoir partager davantage avec les téléspectateurs, je relevai ce nouveau défi. *Cœur à corps* était né. Pendant cette émission, je recevais des invités qui discutaient du bien qu'il est possible d'apporter à notre corps et qui se répercute sur nos émotions, permettant ainsi d'échanger sur le sujet dans les salons.

Mais ceux qui ne captaient pas le canal Vox ou qui n'avaient aucun défi alimentaire à relever ne pouvaient avoir accès à tous ces outils. Pourtant, la demande était forte, les gens désiraient avoir la possibilité de monter leur propre coffre à outils. Que pouvais-je faire de plus? Quel média me restait-il à explorer? Le journal!

La directrice du journal local, *L'écho de la Lièvre*, m'offrit un espace à l'intérieur de ses pages. À partir de ce moment, je signai les capsules «Flash mieux-être» toutes les deux semaines.

Six conférences par semaine, une émission en direct de trois heures, une émission préenregistrée de 30 minutes, quatre capsules dans le journal toutes les deux semaines... Voilà qui rejoindrait suffisamment de gens!

Mais, piquée par la passion de la communication, je ne pouvais m'arrêter! Ce qui me passionne?

- La vie me passionne.
- L'attitude face aux situations, aux événements, aux gens. La pensée, celle que nous laissons

pénétrer insidieusement et qui prendra le «contrôle» de notre vie.

- L'estime de soi et la confiance qui géreront nos habiletés et notre capacité à relever les défis les plus fous.

- La beauté des femmes dans tout ce que ça comporte d'émotions, de vécu, de sagesse et de désir.

- La sensualité dans toute sa plendeur et sa complexité.

Ce qui me passionne... l'être! Ce qui me passionne... la passion!

Ce fut à la sortie de l'enregistrement de l'une de mes chroniques télévisées «Attitude santé», où j'entretenais les téléspectateurs des effets du hasard sur la vie, que je m'arrêtai faire le plein d'essence à une station-service près du studio.

Mon regard fut immédiatement attiré par un des magazines où était publié *un dossier complet sur les hasards de la vie!* Je m'empressai de l'acheter et, en le parcourant, je tombai sous le charme de ce que j'y avais lu. C'était décidé, je voulais faire partie de cette équipe!

Comme j'étais maintenant convaincue que, dans la vie, losqu'on veut quelque chose il ne suffit pas d'attendre qu'il se produise mais de foncer droit dessus, j'appelai l'éditrice pour la féliciter de la qualité de son magazine et en profitai pour me présenter. Et voilà!

Une nouvelle collaboratrice faisait partie de son équipe!

Une chronique de deux pages pour un magazine international, six conférences par semaine, une émission préenregistrée de 30 minutes, une chronique de 15 minutes, une émission en direct de 3 heures et quatre capsules santé! Cette fois, ça y était! Enfin, je rejoignais tout le monde...

Il ne me restait plus qu'à tomber malade! Une grave rechute me ramena rapidement sur terre! C'était quand même mieux que sous terre... Comment cette maudite maladie osait-elle? Pourquoi moi? Me regardant dans la glace, mon alter ego me répondit sans retenue!

«Pourquoi pas toi? N'est-ce pas la commande que tu as passée à la vie? As-tu regardé ton agenda dernièrement, ou plutôt *tes* agendas? N'affirmes-tu pas haut et fort que seule une grave maladie pourrait t'arrêter?»

Eh oui, je devais l'admettre, ma formule magique pour la multiplication des têtes n'était pas tout à fait au point! Il fallait que je fasse un choix!

Ce fut à ce moment-là que la direction de la compagnie avec laquelle j'avais un contrat pour les conférences m'envoya quelqu'un pour me faire signer un nouveau contrat qui ne respectait pas vraiment mes valeurs. Il était clair que désormais nul ne me ferait faire ce que je ne voulais pas faire. Nous avions pris des routes différentes... Je sautai sur l'occasion pour remettre ma démission !

Atelier 6
La commande

Il est extraordinaire de voir à quel point les gens en général semblent vagues dans la description de ce qu'ils désirent obtenir de la vie. Pourtant, il s'agit de *notre vie*: «Bof, on verra bien ce que l'année va m'apporter!» Ironiquement, une simple commande en ligne pour l'achat d'un chandail devient d'une précision presque maladive. Jamais on n'oserait dire à la réceptionniste: «Bof, je veux un chandail, envoyez-moi celui qui vous tombera sous la main!»

Non, on ne veut pas recevoir n'importe quoi! Surtout pas quelque chose qui pourrait nous déplaire! Tout est *précis* sur ce que nous désirons recevoir: modèle, grandeur, couleur, prix. Tout est clair et on s'attend à recevoir *notre* commande!

Prenez une feuille de papier et un crayon, c'est urgent! Aujourd'hui, vous allez passer une commande à la vie pour l'année en cours. Tout au haut de la feuille, inscrivez: «Ma commande à la vie pour l'année...» et choisissez des mots clairs pour décrire ce que vous voulez et ce que cela doit vous apporter.

Exemple:

Je commande à la vie un nouvel emploi où je me sentirai valorisé, où il me sera possible d'exploiter mon potentiel à sa pleine mesure et où l'environnement sera harmonieux et me permettra de me sentir à ma place.

Prenez le temps d'énumérer *précisément* ce que vous désirez vivre. Mais prenez garde, vous risquez fort bien de le recevoir !

Survivante!

Il était en colère, c'était la première fois. Il éleva la voix un peu trop fort. Ses yeux sortaient de leurs orbites, son visage cramoisi laissait apparaître des lèvres amincies par la rage, des mots durs et blessants s'échappaient de sa bouche. Ça y était, il était de retour... le monstre m'attaquait une fois de plus. Non! Pas après tous ces efforts pour m'épanouir, pour évoluer, pour avoir appris à m'aimer!

Je me retournai vers lui, pris une grande respiration, le regardai dans les yeux et, d'une voix calme et assurée, lui dis: «Je ne mérite pas qu'on me parle de cette façon. Je ne l'accepte pas et ne l'accepterai jamais!»

Enfin, la toute dernière lettre du mot «victime» venait de disparaître à jamais. À peine âgée de 38 ans, j'avais enfin compris que, dans la vie, les gens ne peuvent vous faire que ce que vous leur laissez vous faire! Rien de plus!

Aujourd'hui, auprès de mon conjoint, j'apprends... J'apprends ce que je n'aurais jamais voulu apprendre. J'apprends à différencier la réalité du conte de fées. J'apprends à diminuer mes attentes relationnelles. J'apprends à faire face à la musique !

Auprès de lui, j'ai compris que l'amour n'était pas obligatoirement pour la vie, que je devais être toujours prête à partir, à dire adieu. J'ai compris que, pour éviter de sombrer dans une «victimite relationnelle», je devais accepter que la seule et unique relation que je puisse *me* garantir jusqu'à ma mort est celle que j'entretiens avec moi-même. Que la seule personne qui marchera avec moi main dans la main à chaque seconde de ma vie jusqu'à la fin est *moi*, et moi seule...

Présentement, auprès de l'homme de ma vie, j'apprends que tout l'amour que j'ai pour lui n'est garant de rien, ni pour lui ni pour moi.

J'apprends à me regarder dans le miroir chaque matin que la vie m'apporte et à me reconfirmer à moi-même en me disant : «Eh toi ! Si on faisait un autre bout de chemin ensemble ?»

Je ne suis jamais déçue de la réponse, mon reflet répond toujours à mon attente. En me regardant droit dans les yeux, chaque matin j'entends : «Et pourquoi pas !»

Âgée de 39 ans, j'ai compris que j'étais devenue une *survivante* !

*   *   *

Dans une toute petite classe, une journée de printemps comme les autres, une enseignante s'intéresse au futur de ses jeunes élèves. Un jeu amusant et très valorisant pour ces enfants d'âge préscolaire.

«Dis-moi, mon beau Nicolas, que feras-tu lorsque tu seras grand?

— Je serai pompier, madame!

— Et toi, mon petit Daniel, que feras-tu?

— Je serai un policier, madame!

— Caroline, que feras-tu, ma chouette, lorsque tu seras grande?

— Moi, madame, je serai docteur!»

Elle s'approche d'une petite fille assise un peu à l'écart, le regard tourné vers la fenêtre.

«Et toi, ma petite chérie, dis-moi, que feras-tu lorsque tu seras grande?

— Moi, madame? Moi... je serai... hum... je serai... Je sais! Je sais! Moi, je serai... une *victime!*»